LAURA ARCARONS MARTÍ
BRUNA SERRA PUNTÍ

EL PORNO
AL
DESNUDO

Una propuesta crítica
para acompañar
la adolescencia

mandràgores

EDICIONS

Título original: *Despullant el porno. Una proposta crítica per acompanyar l'adolescència*
Título de la obra: *El porno al desnudo. Una propuesta crítica para acompañar la adolescencia.*
Primera edición: junio 2025
© De los textos: Bruna Serra Puntí y Laura Arcarons Martí.
© De esta edición: Pol·len Edicions, sccl.

c/Pere Serra 1- 15 08173 Sant Cugat del Vallès
www.pol-len.cat / info@pol-len.cat

ISBN: 978-84-10255-86-9
Dipòsit Legal: B 10131-2025

Diseño y maquetación: Pol·len Edicions
Diseño de cubierta: Aida I de Prada (Pol·len Edicions)
Ilustraciones: Aida I de Prada (Pol·len Edicions)
Traducción: Anna Carbonell
Edición: Aida I de Prada (Pol·len Edicions)

Impresión: Novoprint (Catalunya)

Índice

Nota de las autoras

En enero de 2024, Mandràgores publicamos un conjunto de vídeos para aportar una mirada crítica a la serie documental *Generació Porno*, que había emitido TV3 pocos meses atrás y que había generado una gran polémica. A raíz de esos vídeos, la editorial Pol·len nos propuso elaborar este libro. Lo emprendimos como un gran reto, pero también como una oportunidad para que se oyeran otras voces que no estaban teniendo tanto eco. *El porno al desnudo* es el resultado del conocimiento colectivo generado a través de la reflexión y la acción educativa de Mandràgores. Surge de nuestro día a día, como cooperativa de educación sexual que trabajamos con criaturas, adolescentes y jóvenes, y que a la vez estamos en contacto con las familias y el profesorado. Surge de los aciertos, de los errores, del aprendizaje continuo y también del desgaste que a veces implica estar en primera línea de una cuestión compleja, llena de contradicciones, disputada y tan tabú como es la sexualidad.

Queremos destacar también que, aunque hemos querido reducir al máximo nuestros sesgos, nuestras vivencias están situadas en un contexto histórico y político, y están condicionadas por las opresiones y los privilegios que nos atraviesan. Todas ellas influyen en lo que vemos y, lo más importante, en lo que no siempre somos capaces de ver. Aunque hemos querido cuidar esa mirada, estamos seguras de que dejamos fuera visiones interesantes que nos podrán complementar.

En este libro hemos querido contar con la colaboración de diversas personas a quienes admiramos y que nos han aportado su pericia en ámbitos concretos. Que las leáis aquí no significa necesariamente que compartan todo lo que decimos punto por punto. Así, nos dejamos mutuamente un espacio amable para posibles desacuerdos, ya que a menudo las discrepancias nacen en conversaciones que nos cuestionan y que nos hacen ir construyendo nuestros posicionamientos y nuestras propuestas de una forma más rica.

Consideraciones previas

Antes de empezar, queremos compartirte algunas cuestiones que hemos tenido en cuenta a la hora de plantear y escribir este libro.

Respecto al planteamiento del debate: uno de los errores que, a nuestro parecer, ha entorpecido hasta ahora el debate alrededor del impacto y el acompañamiento del consumo de pornografía es poner en el mismo saco a criaturas y adolescentes. Aunque unas y otras son menores de edad, sus necesidades y niveles de madurez son distintos, y también debería serlo el discurso y la propuesta educativa. Este libro se centra específicamente en la adolescencia.

Respecto al uso del lenguaje: utilizamos el femenino genérico para referirnos a hombres, mujeres y personas no binarias. Cuando nos referimos concretamente a colectivos muy masculinizados o a hombres, utilizamos el masculino, y el neutro para referirnos a personas no binarias.

Respecto a la edad: nos referimos a la adolescencia como un periodo que empieza aproximadamente a los doce años y acaba a los diecinueve, y a la juventud como ese momento que llega hasta los veintiséis.

Por último, verás que a lo largo del libro usamos el concepto «porno hegemónico». Lo utilizamos para referirnos a la pornografía mayoritaria, también conocida como *mainstream*.

Introducción

En los últimos años ha aumentado considerablemente la preocupación acerca de los efectos de la pornografía en la sexualidad de adolescentes y jóvenes.. Abordar este fenómeno, especialmente en plena era digital, es una cuestión compleja que requiere de atención. Ahora bien, el alarmismo y la polémica que a menudo generan están impregnados de miedos e inseguridades adultas, de tabús, de moral y de ideología, que acaban traduciéndose en enfoques paternalistas y restrictivos. En medio de este clima de angustia, parece que nos olvidamos de que las formas de vivir y de estar en el mundo de las adolescentes son el reflejo de una sociedad que no han elegido.

Tradicionalmente, la educación sexual se ha abordado desde el miedo: el miedo a las perversiones, a las infecciones de transmisión sexual (ITS), a los embarazos no deseados, a las violencias y, ahora más que nunca, a la pornografía. Cada generación adulta ha heredado el relato de la anterior, y ha mantenido la idea de que las nuevas generaciones son peores que la suya. Reconocer esta tendencia nos puede ayudar a ser más críticas y a no aceptar fácilmente titulares simplistas que criminalizan la adolescencia y la juventud.

Aunque en este libro nos centraremos en adolescentes, los debates sobre pornografía no deberían limitarse exclusivamente a este colectivo, de la misma forma que los debates sobre educación sexual no deberían girar únicamente alrededor de la pornografía. Además, creemos que es necesario problematizar las otras representaciones de la sexualidad, mucho más normalizadas, como las series, las películas, los videojuegos y las novelas de tendencia, que contribuyen también a reproducir el modelo hegemónico de sexualidad y de relaciones.

Queremos enfatizar también la idea de que la sexualidad en el mundo digital es un fenómeno complejo que va más allá de la pornografía. Si bien en este libro nombraremos algunos de los elementos más destacados, nuestra pretensión no es hacer una descripción exhaustiva de los mismos. Este nuevo paradigma está lleno de interrogantes y complejidades, y será tan interesante como necesario estudiar a fondo cómo se están relacionando con las adolescentes y jóvenes.

13

Este libro nace en el contexto catalán y, con él, hemos querido aportar nuestra perspectiva que, probablemente, compartimos con otros proyectos educativos, pero que no siempre está presente en los debates y discursos más mediáticos.

Por lo tanto, te proponemos un recorrido por los interrogantes, dilemas, debates e incomodidades que afloran cuando hablamos de adolescentes y de pornografía, con el objetivo de hacer autocrítica y de elaborar una propuesta educativa que ayude a continuar mejorando la educación sexual. Te invitamos a hacerlo con calma, complejidad y profundidad para evitar fórmulas mágicas, cuestionando las soluciones rápidas como por ejemplo la censura, la criminalización del consumo y la demonización de la pornografía y, a la vez, no menospreciando el impacto que puede tener en la construcción de la sexualidad. Queremos que a través de la reflexión seas tú quien encuentre la propuesta que más te encaje. Es por este motivo que a lo largo del libro encontrarás preguntas y ejercicios que te servirán para ir construyendo tu punto de vista.

Esperamos que ser consciente de la dimensión del fenómeno de la pornografía en la era digital te conduzca a la acción y no a la desesperanza. Por ello, hemos querido dedicar una parte del libro a elaborar una propuesta pedagógica que te facilite el acompañamiento de la sexualidad, con herramientas y actividades para familias y educadoras.

PARTE 1. LA PORNOGRAFÍA: PASADO, PRESENTE Y FUTURO

1. SEXUALIDAD, DESEO, FANTASÍAS Y REPRESENTACIONES CULTURALES

Antes de adentrarnos en el terreno de la pornografía, creemos que es importante contextualizar brevemente la sexualidad para entender las bases sobre las que se construye y cómo se refleja en las diferentes expresiones artísticas y culturales. Aunque tengas la tentación de ir directamente a las propuestas educativas, te animamos a que hagas el recorrido entero que, al fin y al cabo, es lo que da sentido al resto. ¡Vamos a ello!

¿Qué es la sexualidad?

Se entiende por sexualidad la dimensión de las personas que engloba aspectos como la identidad, la orientación sexual, el sexo, el placer, el género, las relaciones interpersonales, las creencias, las prácticas, los deseos, las fantasías, etc. Nos acompaña siempre, desde el nacimiento hasta la muerte, pero no siempre de la misma manera: cambia y evoluciona constantemente en función del momento vital, de las experiencias vividas, de los aprendizajes o de las transformaciones sociales, entre otros.

La sexualidad no es algo «natural» o «instintivo». Es decir, no existe de una manera innata en el ser humano como una dimensión presocial. En cambio, la experiencia de la sexualidad es el resultado de la interacción de un conjunto de factores biológicos (que no inmutables), psicológicos y del contexto social, cultural y económico en el que vivimos. Por ello, vivir en un sistema desigual hace que la sexualidad también sea un terreno de discriminaciones y desigualdades relacionadas con el género, la identidad, la orientación sexual, la clase, la raza, la edad, el cuerpo (si encaja o no con los cánones estéticos, si tenemos o no alguna diversidad funcional), etc.

EJERCICIO

Tal vez seas consciente de cómo algunos de los ejes que hemos mencionado condicionan tu vivencia de la sexualidad, pero otros no. Te proponemos que te detengas un momento para reflexionar sobre cómo influyen tanto los unos como los otros en tu experiencia.

¿Qué factores, situaciones y experiencias piensas que han influido especialmente en tu sexualidad?

¿Cuáles tienen que ver con una desigualdad estructural?

20

Si la sexualidad no es instintiva, ¿cómo la aprendemos?

El aprendizaje y el desarrollo de la sexualidad es un proceso que implica la incorporación de valores, prejuicios, normas, estereotipos y mitos establecidos socialmente, que integramos en nuestra experiencia personal. Estas normas de conducta que configuran el «sentido común»[1] hegemónico regulan y modulan la sexualidad, ya que definen qué es correcto y qué no, qué se puede hacer y qué no, cómo nos tenemos que comportar, quién puede hacer qué y dónde, etc. Por lo tanto, condicionan nuestra forma de relacionarnos sexualmente (los ritos de seducción, las prácticas sexuales, la atracción y el deseo, el tipo de relaciones que establecemos, la experiencia del género e, incluso, las fantasías). Aunque parezcan inmutables, estos modelos cambian según el lugar geográfico y el momento histórico.

La educación sexual, por lo tanto, incluye la transmisión y el aprendizaje de esos valores, creencias y normas a través de diferentes agentes socializadores. Algunos de esos agentes son la familia, la escuela, las amistades, la comuni-

---

[1]. Aunque la existencia del «sentido común» o de los «sentidos comunes» es inherente a las comunidades, los modelos de conducta hegemónicos acostumbran a reforzar y perpetuar las estructuras de poder y dominación. A pesar de ello, siempre que hay normas, especialmente si son restrictivas, aparecen transgresiones, aunque incluso dichas transgresiones pueden dar lugar a nuevos modelos de conducta.

dad, las redes sociales, la publicidad, las películas y las series, la música, la pornografía, los videojuegos, las instituciones religiosas, las leyes y las políticas del Estado, los servicios sanitarios, los espacios de ocio, los colectivos feministas y LGTBI, etc. Todos estos agentes toman parte de manera más o menos consciente y contribuyen a modelar las perspectivas y experiencias individuales y colectivas de la sexualidad.

Y entre todos esos agentes, ¿qué papel juega el porno?

Las representaciones culturales dominantes de la sexualidad, entre las que encontramos el porno hegemónico[2] (pero no solamente), tienen un papel importante a la hora de normalizar y erotizar determinadas conductas sexuales. En un contexto patriarcal, la mayoría de dichas representaciones son machistas, heterosexuales, coitocéntricas y erotizan la violencia, mayormente ejercida en una sola dirección: hombre→mujer. Así, es muy probable que contribuyan a generar un imaginario de las relaciones sexuales heterosexuales en el que el rol masculino debe ser dominante y violento, en contraposición a un rol femenino sumiso. Se establece y se reproduce una coreografía sexual tan rígida que, a menudo, incluso se hace complicado imaginar otras maneras de disfrutar.

21

Entonces, ¿nuestras fantasías y deseos son un producto del porno?

Las fantasías son todas esas imágenes, pensamientos o creaciones ficticias que sirven de combustible para la excitación. Son positivas, ya que favorecen la satisfacción sexual y la conexión con una misma. A diferencia de los deseos, que nos hablan de lo que querríamos realizar, las fantasías no se corresponden necesariamente con lo que nos excita en la práctica, ni tienen que materializarse para ser satisfactorias. Precisamente por eso son un espacio de libertad y no deberían tener filtros ni restricciones morales. Las fantasías tienen un

---

2. El porno hegemónico o comercial es el tipo de pornografía dominante producida en masa, especialmente para un público masculino heterosexual. Este tipo de pornografía suele seguir estructuras narrativas y prácticas sexuales estereotipadas, en las que la sexualidad se presenta de manera simplificada o reduccionista. Está marcado por su orientación hacia la gratificación masculina, a menudo a través de la cosificación de las mujeres, de la erotización de la sumisión femenina y de la violencia. Reproduce un modelo de sexualidad repleto de violencias machistas, racistas, capacitistas, gordófobas...

componente individual que tiene que ver con el inconsciente y las experiencias personales y, a su vez, tienen un fuerte componente social, ya que reflejan las normas e influencias culturales que han marcado el desarrollo de la sexualidad colectiva. Por lo tanto, sí, el porno también modela nuestra sexualidad y nuestras fantasías y deseos. De todas formas, el objetivo no es cuestionar las imágenes e historias ficticias con las que cada persona se excita, sino las representaciones culturales de la sexualidad que condicionan los comportamientos sexuales. Eso nos permitirá no alimentar la culpa y la represión, que tanto ha marcado la sexualidad, especialmente la de las mujeres y las identidades no normativas.

 ## SABÍAS QUE...

Las fantasías de ejercer o recibir violencia son comunes y antiguas. No necesariamente están relacionadas con el deseo de recibir o ejercer violencia en las prácticas sexuales y por eso es importante diferenciarlas del sexo no consentido. Si nos excitamos imaginando situaciones en las que somos forzadas o reproducimos estas escenas en la realidad como un juego de rol, no pasa nada en contra de nuestra voluntad; somos nosotras quienes hemos decidido el guion. Este tipo de fantasías pueden ser liberadoras porque en algunos casos representan un espacio imaginario sin restricciones para explorar prácticas estigmatizadas o prohibidas. Además, para algunas personas usar la fantasía del forzamiento ayuda a reducir la culpabilidad que puede implicar tener ciertos deseos sexuales, sobre todo en contextos con mucha represión.

A menudo, mujeres que han vivido situaciones de violencia se sienten culpables por tener fantasías de sumisión. Sin embargo, como hemos señalado, las fantasías operan dentro del marco de la imaginación y del deseo, mientras que la violencia no. La fantasía sexual no implica una legitimación de la violencia, sino que es una forma de exploración personal. Más allá de las fantasías, las prácticas que utilizan los juegos y roles de poder se dan en un marco donde hay un conjunto de pactos y consensos de seguridad que garantizan que las personas participantes las desean, están de acuerdo en hacerlas y se cuidan entre sí.

Más adelante lo veremos mejor, pero ya te adelantamos que, de cara al abordaje del porno, será importante hacer esta distinción entre fantasía y realidad.

23

EJERCICIO

Es posible que en alguna situación te hayas sentido culpable o incómoda por algo que te excitaba. Dentro de los feminismos se ha debatido bastante sobre la posibilidad o no de modificar nuestras fantasías y deseos.

Y tú, ¿qué piensas? ¿Crees que podemos decidir nuestras fantasías? ¿Y cambiarlas?

Teniendo en cuenta la importancia de las representaciones culturales de la sexualidad a la hora de construir imaginarios posibles, ¿cómo te gustaría que fueran esas representaciones? Es decir, ¿qué crees que sería interesante erotizar?

Y, para acabar, ¿cómo crees que podemos avanzar hacia representaciones de la sexualidad más diversas e igualitarias?

2. LA PORNOGRAFÍA

¿Qué es la pornografía?

Para empezar a pensar qué es el porno, te invitamos a preguntarte cuáles son las imágenes, ideas, conceptos o recuerdos que te vienen a la mente cuando oyes esta palabra. Probablemente, serán distintos en función de la generación a la que pertenezcas. Tal vez recuerdes las escenas censuradas de las películas durante el franquismo o, por ejemplo, algunas imágenes de la revista Playboy. Tal vez hayas pensado en el Interviú (una revista que solía estar en las peluquerías de hombres), o es posible que te hayan venido a la memoria las películas explícitas del videoclub y algún VHS robado de la colección de casa de algún amigo o amiga. No nos extrañaría tampoco que hubieras recordado las famosas películas que echaban los viernes por la noche en Canal+. Y, tal vez, si eres más joven, cuando has pensado en porno te han venido directamente a la cabeza vídeos de páginas web, hilos pornográficos de Twitter, canales de Telegram, stickers, o escenas y pantallas de ciertos videojuegos.

La pornografía es cualquier representación, ya sea una imagen, un vídeo, un texto... donde se muestran conductas sexuales explícitas con el objetivo de producir excitación sexual. La distinción entre lo erótico y lo pornográfico ha llenado las páginas de muchos libros y, todavía hoy, la línea entre esos dos conceptos se considera difusa. Hay quienes creen que el erotismo es sugerente, evocativo e intuitivo, mientras que lo pornográfico es explícito y muestra genitales. Detrás de esta distinción, a menudo se esconde una valoración negativa de la pornografía y, en cambio, la consideración del erotismo como un producto moralmente superior. Hay también quien defiende que la diferencia entre erotismo y pornografía depende de la valoración subjetiva de la persona que lo mira (Llorente, Maria Ema, 2013).

¿Qué han dicho los feminismos sobre la pornografía?

La preocupación por la pornografía puede parecer nueva, pero las feministas hace décadas que debaten, escriben y reflexionan en torno al fenómeno. Históricamente, los feminismos han problematizado cómo se construye el deseo sexual en un contexto patriarcal, y han analizado el peso que tienen las representaciones culturales dominantes en el mismo. Por lo tanto, los debates sobre la pornografía no son nuevos y han marcado la historia y la actualidad de este movimiento, ya que han sido fuente de conflicto y polarización. Las distintas corrientes parten de una preocupación común en torno a la sexualidad de las mujeres y de un punto de inicio compartido: el porno y las representaciones hegemónicas de la sexualidad son machistas. Sin embargo, las definiciones, los análisis y las propuestas de las distintas corrientes a menudo son antagónicas (Egaña, Lucia, 2017).

A continuación, te proponemos un breve ejercicio de memoria histórica para aprender de los debates, las aportaciones y las teorías que nos han precedido, y comprender mejor los diferentes discursos y tensiones actuales.

Los debates sobre pornografía, sexualidad, trabajo sexual y BDSM[3] —conocidos como las guerras del sexo— tienen su origen en los Estados Unidos en los años setenta y ochenta. Esas discusiones enfrentaban dos posicionamientos: antipornografía y prosexo.

En el Estado español y en Catalunya, la coyuntura marcada por la dictadura franquista y la transición hizo que esos debates no llegaran hasta más tarde, a finales de los años ochenta. El movimiento salía de la clandestinidad y las reivindicaciones se centraban en el fin del sexismo en el ámbito educativo, en el derecho al aborto, en la legalización de anticonceptivos, en el derecho al propio cuerpo, en la abolición de leyes discriminatorias, en el derecho a un lugar de trabajo, en la socialización del trabajo doméstico, en la defensa de los dere-

---

3. BDSM: siglas que hacen referencia a prácticas sexuales no normativas que consisten en juegos vinculados a los roles de ama y esclava, o en prácticas relacionadas con causar o recibir dolor. Son las siglas de Bondage, Disciplina, Dominación, Sumisión, Sadismo y Masoquismo. Estas prácticas se dan dentro del marco de pactos y protocolos de seguridad que se definen, entre otras, en las siglas SSC (Seguro, Sensato, Consensuado).

chos de las prostitutas y en la amnistía para las mujeres encarceladas por delitos como el adulterio, el aborto, la anticoncepción o la prostitución. Además, el movimiento feminista afrontaba otras tensiones internas como la organización dentro o fuera de los partidos políticos. I más adelante, surgieron las primeras críticas de las feministas lesbianas a la heteronormatividad del movimiento (Garcia, Joana y Palomares, Maria, 2012).

No fue hasta el año 1988, en las Jornadas sobre Lesbianismo organizadas por la Coordinadora Estatal de Organizaciones Feministas, que se pusieron sobre la mesa algunos temas tabú y polémicos dentro del movimiento, como la pornografía, el uso de la violencia consentida, la sumisión o la humillación como fuente de placer (prácticas sadomasoquistas), las relaciones *butch/femme* de parejas lesbianas o los juguetes sexuales.

Los postulados antipornografía que eran más prohibicionistas, aunque existieron, no tuvieron tanta acogida en nuestro contexto, precisamente porque estábamos saliendo de una época marcada por la censura, la moral nacionalcatólica y la represión sexual, y existía una gran ansia de libertad.

¿Pero qué decía cada una de esas posiciones?

La antipornografía se enmarcaba en el llamado feminismo radical, y denunciaba la pornografía como una forma de degradación y violencia contra las mujeres. La consideraba un mecanismo de reproducción de la desigualdad de género y la subordinación y una forma de perpetuación de la violencia sexual, ya que la convertía en algo sexualmente excitante. Bajo el lema «la pornografía es la teoría, la violación es la práctica», establecía una correlación directa entre el consumo de pornografía y el incremento de las violencias sexuales contra las mujeres. Aunque los principales argumentos eran políticos, y no morales, establecieron alianzas con las posiciones más conservadoras lideradas por la derecha, sobre todo en la reivindicación de la prohibición de la producción y distribución de pornografía (Valero, Ana, 2022).

Dentro de esta corriente también hubo posiciones críticas con el prohibicionismo. Las feministas antipornografía criticaban a las feministas prosexo por la perspectiva liberal que tenían de la libertad de expresión, y cuestionaban la posibilidad de que existiera una verdadera libertad de elección en un contexto de desigualdad (Egaña, 2017).

En cambio, el feminismo prosexo o anticensura defendía el derecho de las mujeres a vivir y a disfrutar de su sexualidad de manera libre. Argumentaban que la censura o la condena total de la pornografía representaba una visión represiva de la sexualidad y constituía un ataque a la libertad de expresión. Esta corriente criticaba el feminismo antipornografía por mantener un marco heteronormativo, negar la capacidad de las mujeres de tomar decisiones y reducirlas al rol de víctimas. Cuestionaban la relación causal que se establecía entre pornografía y violencia sexual y señalaban que fomentaba el terror sexual.[4] También advertían sobre el riesgo de contribuir a la creación de una dicotomía entre un tipo de sexo considerado «bueno» y otro «malo», lo cual podría reforzar el estigma hacia prácticas sexuales menos normativas.

Ellas consideraban que la pornografía era la consecuencia de un sistema machista, que busca perpetuarse a través de las representaciones culturales. Pero rechazaban la censura y reclamaban la posibilidad de apropiarse de los medios de representación de la sexualidad de las mujeres, es decir, de no renunciar a la pornografía en sí misma, ya que podía convertirse en un instrumento con capacidad de transformación y empoderamiento de las mujeres y de las disidencias sexuales. Con esta reivindicación nace en los años ochenta en Estados Unidos la pornografía para mujeres (lo que más adelante se llamaría porno feminista), con la voluntad de superar los marcos machistas de la pornografía hegemónica y mostrar representaciones más realistas, diversas e igualitarias del sexo, donde el placer de las mujeres fuera central. Querían visibilizar el deseo de las mujeres y reconocerlas como posibles consumidoras (Valero, 2022).

---

4. El terror sexual es un mecanismo de control y castigo social dirigido a las mujeres. Este fenómeno se manifiesta en la forma con la que se elaboran los discursos mediáticos y sociales en torno a las violencias sexuales, que fomentan el miedo y aumentan la percepción de inseguridad entre las mujeres. Tiene un impacto directo en su libertad, ya que el miedo a sufrir violencia las lleva a incorporar un conjunto de medidas de autocontrol para evitar riesgos, que condicionan su práctica cotidiana (ajustar horarios, limitar movimientos, modificar la vestimenta, evitar espacios, ajustar conductas y gestos...). El terror sexual perpetúa la desigualdad de género, situando a las mujeres como seres vulnerables y asignando a los hombres el rol protector, a pesar de que ellos son los principales responsables de las agresiones (Barjola, Nerea, 2018).

VOZ EXPERTA.
La llegada de los debates
del porno en Catalunya

Para comprender mejor cómo fueron esos debates en Catalunya, hemos querido hablar con Montserrat Cervera Rodon (1949).

Ella es madre, abuela, licenciada en historia contemporánea en la UB y actualmente jubilada. Montserrat fue militante antifranquista en la Liga Comunista Revolucionaria (LCR) y activista feminista desde los años setenta en distintos grupos de la Coordinadora feminista (en las vocalías de barrios, en las comisiones por el aborto, la salud, las agresiones, la paz...). Actualmente, participa en Ca la Dona (Barcelona) con temas de salud y antimilitarismo.

¿Cómo llegan los debates sobre pornografía a Catalunya y en qué punto se encontraba el movimiento feminista en aquel entonces?

A finales de los ochenta el movimiento feminista estaba bastante fragmentado, pero todavía existía la Coordinadora Feminista de Catalunya que aglutinaba muchos grupos y formaba parte de la coordinadora estatal. La cuestión de la pornografía surgió fundamentalmente de la Comisión contra las Agresiones de las Mujeres, que promovió debates sobre este tema, junto a otros como la prostitución, las dependencias afectivas y la sexualidad. El objetivo era preparar unas jornadas de debate que se celebraron en 1990, después de las jornadas estatales de Madrid, sobre lesbianismo, y las de Santiago de Compostela, que abordaban el tema de las agresiones (1988).

¿Cuáles eran los puntos clave de los debates?

En todos esos debates y en el abordaje de las agresiones, se intentaba que el miedo a la violencia no desplazara el tema del placer, la capacidad de decisión y la diversidad sexual de las mujeres. Se debatió mucho sobre fantasías sexuales, la necesidad de separarlas de las prácticas y la importancia del consentimiento como límite.

¿Había consenso por lo que respecta a la pornografía? ¿Cuál era el posicionamiento?

Todas encontrábamos consenso en la valoración sexista, machista y heteronormativa de la pornografía y en la importancia de denunciar y formar a la gente en esa cuestión, que se hacía presente por todos lados: en los medios de comunicación, en las novelas rosas, etc. Todo eso, sin criminalizar las posibilidades de excitación con las imágenes explícitas de sexo y defendiendo los derechos de las trabajadoras de la pornografía.

Fue un debate muy interesante que sigue hoy enfrentando las posturas abolicionistas y prohibicionistas (de la prostitución y la pornografía y la cuestión trans) con las posiciones prosexo, muy parecidos a los debates de las mujeres en los EE. UU.

¿Y con relación a las violencias sexuales?

Queríamos desmontar la idea no demostrada de que la pornografía produce más violencia contra las mujeres que el resto de la sociedad patriarcal.

¿Cuáles eran vuestras reivindicaciones principales en el marco de este debate?

El derecho al placer y la agencia de las mujeres como fundamentos para una sexualidad libre y placentera. Dentro de los grupos de la coordinadora era la postura más clara, también con relación al tema de la prostitución y la defensa de los derechos de las prostitutas. Queríamos separarnos de la derecha y de la iglesia, que pretendían reprimir cualquier expresión sexual que no fuera la suya.

Transportarnos a los debates del siglo pasado nos puede ayudar a orientarnos hoy. ¿Habías oído hablar de estos posicionamientos? Seguro que la mayoría de los argumentos te han resultado familiares. Mientras los leías, ¿has podido entender parte de una y otra posición?, ¿o rápidamente te has ubicado en uno de los postulados? Sea una cosa o la otra, los discursos y las propuestas educativas actuales en torno a la pornografía a menudo están teñidos de alguna de estas miradas, y es importante conocerlas para poderlas identificar y comprender mejor.

Las representaciones de la sexualidad: una pincelada histórica

La pornografía no es nueva y, de hecho, desde el inicio de las civilizaciones, los humanos hemos buscado representar la sexualidad de diferentes maneras y a través de distintos medios, pero, sobre todo, lo hemos hecho a través del lenguaje artístico (Valero, 2022).

El valor simbólico que ha tenido la sexualidad ha sido diferente en cada cultura y territorio y ha ido cambiando a lo largo de la historia de la humanidad. Y no todas sus representaciones responden a lo que hoy entendemos como pornografía.[5] Por ejemplo, en los últimos cincuenta años las representaciones sexuales han evolucionado para ser cada vez más explícitas, y lo que se consideraba pornografía a mediados del siglo pasado en el Estado español actualmente podría formar parte de cualquier película de Netflix.

Para entenderlo todo un poco mejor, viajaremos en el tiempo y veremos cómo distintas civilizaciones y culturas han mostrado la sexualidad y el sexo a través del arte con finalidades diferentes: rituales, religiosas, de excitación sexual, comerciales, instructivas, transgresoras, revolucionarias, satíricas, políticas... Y veremos, también, cómo esas representaciones y sus significados se

---

5. Como expone Egaña (2017), el concepto 'pornografía' surge en la época victoriana, un periodo de la historia británica comprendido entre el 1837 y el 1901 y caracterizado por la extrema represión sexual.

han ido transformando a lo largo del tiempo con la progresiva introducción de nuevas tecnologías de reproducción de textos o de imágenes.

Pero eh, antes de empezar el viaje, ¡detengámonos un momento!

Cuando nos transportamos al pasado para observar cómo era la sexualidad y sus múltiples expresiones, es muy importante que nos quitemos las gafas del presente y que no presupongamos que las cosas que se hacían tenían el mismo significado que les damos ahora. Por ejemplo: el hecho de que hubiera prácticas de sexo entre hombres en la antigua Grecia no significa que fueran homosexuales. El significado de la palabra 'homosexual', tal como lo usamos actualmente, es una idea moderna y occidental que no se aplicaba en la antigüedad y que no tiene sentido en todos los lugares del mundo. Además, es indispensable no caer en la trampa de idealizar el pasado y de pensar que antes la sexualidad era mucho más libre. En cada momento histórico ha habido normas y relaciones de poder que han marcado unos códigos de conducta sobre lo que se podía hacer y lo que no.

Hecha esta advertencia, ahora sí, empezamos el pequeño itinerario por algunas de las muchas representaciones de la sexualidad a lo largo de la historia de diversos territorios, pero sobre todo de Europa, comenzando por la prehistoria y terminando en el siglo XXI.

El primer ejemplo de representación de la sexualidad que podemos visitar son algunas esculturas paleolíticas, como la Venus de Willendorf, que muestran cuerpos humanos con los genitales y los pechos exageradamente grandes. Se cree que el objetivo de la sobredimensión de dichas partes tenía una función espiritual y se vinculaba con la fertilidad (Lust, Erika, 2008).

Si avanzamos hasta la antigüedad, encontramos los curiosos ejemplos de Grecia y Roma. A pesar de que ambas civilizaciones tenían una tradición marcada por la misoginia, su concepción de la sexualidad estaba mucho más vinculada al placer que a la reproducción. Esto se refleja en sus numerosas manifestaciones artísticas de carácter sexual, presentes tanto en espacios públicos como privados. Algunos ejemplos son los grabados y esculturas de dioses griegos con el falo erecto, poemas que hacen referencia a la sexualidad entre mujeres escritos por la poeta Safo de Lesbos, o también las famosas estatuas y frescos encontrados bajo las ruinas de la ciudad de Pompeya. Este último caso causó tanto revuelo entre los arqueólogos que decidieron ocultar las estatuas y los frescos al público general, y crearon el Secret Museum de Nápoles (Valero, 2022).

Si nos trasladamos al antiguo Egipto, encontramos el poco conocido Papiro erótico de Turín, que data aproximadamente del 1150 a. C., y donde aparecen doce viñetas con distintas escenas sexuales. El egiptólogo francés que lo encontró en una de las muchas excavaciones estrechamente vinculadas al colonialismo afirmó que era «una imagen monstruosa», y quedó escondido también durante mucho tiempo en el fondo de las galerías de los museos.

En la antigua Mesopotamia, situada entre los ríos Tigris y el Éufrates, encontramos también iconografía de carácter sexual; concretamente, unas famosas placas eróticas de terracota, estampas que fueron de consumo popular y que se han encontrado tanto en el interior de las casas como en templos y tumbas. En estas estampas se representan escenas sexuales y se especula que podrían haber servido como amuletos de fertilidad o bien como instrumentos de propaganda de un cambio de poder y en la cultura religiosa.

Siguiendo el viaje, si nos fijamos en algunas civilizaciones orientales, podemos ver, por ejemplo, cómo en el arte chino los motivos dedicados a la sexualidad estuvieron muy presentes durante la dinastía Han (entre los años 200 a. C. y 220 d. C.). En la India, encontramos el conocido *Kamasutra*, uno de los primeros manuales de sexo de la historia, donde se muestran las buenas prácticas en la conducta sexual heterosexual. El *Kamasutra* expone unas instrucciones meticulosas sobre cómo practicar sexo y dice, por ejemplo, que en cualquier encuentro sexual tanto los hombres como las mujeres deben llegar al orgasmo. Si continuamos leyendo, sin embargo, vemos también que define el sexo como una batalla en la que los hombres atacan y las mujeres resisten, y en un momento incluso recomienda el uso de narcóticos o de violencia ante las negativas femeninas (Bastarós, Maria et al., 2021). Aparte del *Kamasutra*, en la India encontramos también múltiples templos dedicados al sexo, por ejemplo los templos de Kajuraho, que datan del siglo XI y que destacan por sus esculturas eróticas, que representan plantas, animales y también personas teniendo relaciones sexuales.

Si llegamos a la época medieval, la consolidación del cristianismo en Europa comportó una gran represión y control social. Se desdeñaron los placeres vinculados al mundo material, entre ellos el placer carnal, y se los consideró un pecado con la justificación de que se alejaban del orden divino. Por lo tanto, se persiguieron las prácticas y rituales sexuales considerados paganos que no obedecían las represivas normas morales y religiosas impuestas. A pesar de las restricciones, en este periodo encontramos también representaciones de la sexualidad como dibujos sexuales en los márgenes de algunos salmos y textos religiosos, o capiteles de templos románicos y góticos donde aparece iconografía de genitales, escenas de sodomía, masturbación y sexo grupal (Lust, Erika, 2008), (Valero, 2022).

Dichos capiteles se encontraban en el exterior de las iglesias, representando simbólicamente lo que pasaba fuera, pero que no podía pasar dentro. Hacia el fin de ese periodo, concretamente a finales del siglo XIV y a principios del siglo XV, y en el contexto catalán, se escribió el libro *Speculum al Folder*, que fue uno de los primeros tratados eróticos de Europa y que incluye buena parte de la traducción del latín de *Liber de coitu*. El libro fue escrito por Constantino el Africano y estaba inspirado en tratados médicos y de literatura árabes. En este manual encontramos un listado de remedios para problemas sexuales, recetas afrodisíacas y posturas sexuales placenteras. El libro recomienda también el uso del conocido « godomassí », que era un dildo artificial originario del norte de África, y que estaba hecho de cuero y adornado con dibujos estampados en pinturas o relieves (Mata, Jordi, 2019).

Hacia el año 1450 apareció la imprenta, un invento que revolucionó la reproducción de textos y permitió multiplicar exponencialmente las copias de libros y documentos, lo cual hizo que los escritos llegaran a un público mucho más amplio y contribuyó a la democratización cultural del periodo. Gracias a la imprenta, también los contenidos eróticos empezaron un largo proceso de transformación: de ser un lujo reservado para las clases altas, se fueron convirtiendo, progresivamente, en materiales más accesibles para las clases populares.

Durante el Renacimiento, en los siglos XV y XVI, el culto al cuerpo resurgió, y las representaciones de desnudos en la pintura o la escultura se hicieron muy frecuentes. Aun así, la pretensión de dichas obras era mostrar los cánones de belleza de la época y no se les daba ningún tipo de valor sexual. En ese periodo, también aparecen algunas manifestaciones de literatura erótica, como el libro I *Modí*, que un grabador italiano ilustró en el año 1527. Este libro contiene sonetos explícitos en los que se describen distintas posturas sexuales para la penetración entre un pene y una vagina (Bastarós *et al.*, 2021). Más adelante, en los siglos XVII y XVIII, se empezaron a imprimir en Europa un conjunto de novelas explícitas, como *L'Escole des filles ou la Philosophie des dames*, publicada en París en 1655, con una portada que ilustraba a una mujer vendiendo dildos. También destacan obras como *Fanny Hill* de John Cleland y la conocida *Justine* del Marqués de Sade, que data del año 1787. Todas estas obras utilizaban la representación explícita de la sexualidad para hacer una crítica social en forma de sátira y para transgredir las normas morales que regulaban las conductas y prácticas sexuales permitidas a las clases populares (ya que la burguesía, la aristocracia y la nobleza habitualmente se libraban de esas restricciones morales).

34 Durante los siglos XVIII y XIX, los avances en la reproducción de imágenes resultaron el inicio de la mercantilización de la pornografía y empezaron a incluir en el imaginario social la posibilidad de experimentar placer sexual observando imágenes reales, ya fueran estáticas o en movimiento.

 **SABÍAS QUE...**

El daguerrotipo, presentado en el año 1839, fue el primer procedimiento fotográfico accesible comercialmente. A partir de ese momento, y como consecuencia del desarrollo constante de técnicas de reproducción de imágenes más económicas, la colección de fotografías de desnudos dejó de ser un privilegio exclusivo de las clases acomodadas para convertirse en una forma de entretenimiento asequible para un público más amplio. Solo la ciudad de Londres, a mediados del siglo XIX, ya contaba con cincuenta y siete tiendas de imágenes y fotografías pornográficas que se difundían en forma de postales o calendarios (Bastarós *et al.*, 2021).

Siguiendo con la cronología, en el año 1895 se proyectó el primer filme en París, y solo un año después, el 1896, se grabó una de las primeras películas pornográficas: *Le Couchere de la Marieé*, un cortometraje francés donde aparece Louis Willy, una actriz de cabaret, haciendo un *striptease* y teniendo relaciones sexuales con un hombre (Valero, 2022).

A principios del siglo XX, en el Estado español, el rey Alfonso XIII era famoso por tener su propia productora privada de porno, una tendencia frecuente entre aristócratas y monarcas de la época. A pesar de haberse educado en el puritanismo religioso, el rey encargó a los directores Ramon y Ricardo Baños que grabaran algunas historias pornográficas que formaban parte de sus fantasías sexuales. Las actrices que aparecían eran en su mayoría trabajadoras sexuales de conocidos prostíbulos de Valencia. En la actualidad, la Filmoteca Valenciana custodia las tres únicas películas que se han conservado de todo su legado, encontradas en un convento de la ciudad: *El confesor*, *El ministro* y *Consultorio de señoras*.

Más allá de fotografías y películas, las revistas sexuales, conocidas también como «revistas para hombres», tuvieron una gran proliferación a lo largo del siglo XX. Aunque ya eran de consumo popular a finales del siglo XIX, experimentaron un impulso definitivo con la creación de la conocida revista *Playboy* en 1953, que ofrecía un gran número de contenidos sexuales enfocados en satisfacer el placer masculino a través de la representación de mujeres casi desnudas o en posiciones sugerentes. El creador de la revista fue incluso amenazado de muerte por el colectivo feminista estadounidense W.I.T.C.H. (Women's International Terrorist Conspiracy from Hell) por vulnerar los derechos de las trabajadoras. Más adelante, en 1965, apareció la revista *Penthouse*, competidora de *Playboy*, que sirvió de inspiración para la conocida revista española *Interviú* (Bastarós *et al.*, 2021).

Durante el siglo XX, distintas corrientes artísticas de vanguardia utilizaron la representación explícita de la sexualidad como herramienta de transgresión política —de la mano de autores como Pasolini, Fellini o Resnais—, y más adelante, autoras como Barbara Hammer, Chantal Akerman o Sarah Jacobson apostaron por cambiar el punto de vista masculino de la mayoría de los cines utilizando nuevos lenguajes y expresiones. Esa confrontación con las normas establecidas generó un fuerte grado de censura y represión a las obras de dichas creadoras.

35

Censura franquista, destape y la llegada del porno

Si hablamos de censura y represión, es imprescindible transportarnos a la época de la dictadura franquista (1939-1975). Este régimen, que se rigió bajo la doctrina del nacionalcatolicismo, aplicó una censura muy severa —influenciada por la moral católica— a todos los ámbitos culturales: el cine, la literatura, la prensa y el arte. Las manifestaciones artísticas que mostraban desnudos, sexualidad o contenidos considerados inmorales o subversivos eran estrictamente prohibidas o fuertemente editadas. El control de la moral pública era una prioridad para el régimen, que veía la sexualidad como un tema peligroso que debía ser regulado y reprimido. Durante este periodo se crearon varios organismos estatales y eclesiásticos que, en estrecha colaboración, establecieron los criterios de censura moral.

Durante la década de 1960, el régimen franquista introdujo la imagen de los dos rombos como sistema de clasificación televisiva para indicar contenidos relacionados con la sexualidad, la violencia o situaciones que podían ser consideradas moralmente peligrosas o subversivas para la época. Los dos rombos indicaban que el programa era inadecuado para menores de dieciocho años, mientras que un solo rombo advertía que el contenido no era apto para menores de catorce años (Francesc, Maria, 2020).

SABÍAS QUE...

Para escapar de la censura, durante los años sesenta y setenta eran habituales los viajes a las salas de cine de Perpinyà para ver películas con contenido sexual prohibidas por el franquismo, como *El último tango en París*, *Emmanuelle* o *El imperio de los sentidos*.

36

Con la muerte de Franco en noviembre de 1975, las normas de la censura se relajaron. Desde el fin del franquismo hasta finales de los ochenta se diferencian tres etapas del cine «erótico» en el Estado español: el destape (1975-1977), la clasificación S (1977-1982) y la clasificación X (1982-1987).

El llamado cine del destape fue un fenómeno que describe la aparición de los primeros desnudos (sobre todo de mujeres) y contenidos eróticos y sexuales en los productos culturales. Según el nuevo Código de Censura, aprobado el 1 de marzo de 1975, se admitía la presencia de desnudos siempre que fuera necesario para la unidad total del filme, y se rechazaba si era con la intención de «despertar pasiones en el espectador normal» o si incidía «en la pornografía» (Brugallo, Ana Cristina, 2002).

Pero el inicio del destape como fenómeno social y cultural se sitúa a finales de la década de los sesenta, y describe un periodo de cuestionamiento del conservadurismo moral franquista y una muestra de la necesidad creciente de libertad sexual, política y de expresión. Un fervor contracultural influenciado por el Mayo del 68, los movimientos feministas, pacifistas y *hippies* de los Estados Unidos, y el creciente turismo. Revistas como *El Papus* e *Interviú* combinaban estas temáticas: sátira, política y erotismo (Jareño, Claudia, 2016).

El Papus. Número 236 - 1978

Por lo tanto, el destape fue visto como un momento de transgresión cultural, en el que se empezaron a debatir abiertamente estas temáticas y se cuestionaron los roles de género tradicionales impuestos por el franquismo, así como la represión moral que había caracterizado las décadas anteriores. Las películas del destape mostraron temas que habían sido tabú hasta entonces, como por ejemplo el lesbianismo, que apareció por primera vez en la película *Me siento extraña*, de Enrique Martí Maqueda (1977). Aun así, este fenómeno también fue objeto de críticas por su tendencia a representar la sexualidad de las mujeres desde una perspectiva masculina, presentando una supuesta liberación que no se tradujo en un cuestionamiento profundo de la desigualdad de género (Bellver, Laura, 2019).

A partir de 1977, el gobierno de Adolfo Suárez transformó el entramado franquista de censura con la creación de la Junta de Calificación, encargada de clasificar las películas según la edad del público. Así, se introdujo la clasificación S, destinada a etiquetar las películas que podían «herir la sensibilidad de algunos espectadores», en la práctica refiriéndose a las que sugerían escenas sexuales, violentas o políticamente desafiantes. Esta clasificación supuso la introducción de contenidos eróticos, pero la censura de los más explícitos (Seguin, Jean-Claude, 2015).

No fue hasta el año 1982 que el gobierno suprimió la categoría S como último vestigio de la censura franquista. Con la aprobación de la ley 1/1982 se usó por primera vez la palabra «pornográfico». Esta ley estipulaba que las películas de carácter pornográfico o que hicieran «apología de la violencia» serían calificadas como películas X y se exhibirían exclusivamente en salas especiales, llamadas salas X, a las que las menores de dieciocho años tendrían prohibido el acceso. La ley estipulaba que la publicidad de las películas pornográficas no podía incluir representaciones gráficas ni referencias argumentales, y establecía que el Estado no otorgaría ningún tipo de ayuda, protección o subvención a las películas X (Seguin, 2015).

En el año 1983, durante el gobierno del PSOE de Felipe González, se aprueba la llamada Ley Miró, que introdujo una regulación más estricta y un sistema de clasificación más detallado en función del contenido de las películas, con un enfoque especial en la protección de los menores y la calidad de dicho contenido. El Estado ofreció ayudas económicas para la producción cinematográfica que acabaron con las películas de bajo presupuesto, típicas de los años sesenta, y fomentó la presencia de mujeres en el mundo de la dirección (Bellver, 2019).

Las salas X fueron para muchos jóvenes que cumplían los dieciocho un ritual iniciático al mundo adulto. De todas formas, la mayoría de los asistentes eran hombres de mediana edad y jubilados, que asistían no solo a ver películas, sino a tener encuentros sexuales con otros hombres o trabajadoras sexuales. Las salas X tuvieron un gran éxito en sus inicios, a pesar de generar, en algunos casos, el rechazo por parte de la vecindad. En todo caso, ese éxito no duró mucho tiempo. A mediados de los años ochenta, la aparición de los videoclubs y de los sex-shops, que ofrecían la posibilidad de alquilar o visionar en telecabinas películas eróticas y pornográficas a un precio más económico y con más intimidad marcaron el inicio del declive de estas salas (Fernández, Ricard, 2015). El cierre progresivo se alargó durante décadas, con algunas salas que todavía continuaron activas hasta los años 2010. Finalmente, en 2022 cerró la última sala X del Estado español, ubicada en la ciudad de València.

39

Imagen del Cine Diorama reconvertido en Cine X en 1984, en la plaza Bonsuccés de Barcelona. Jesús Fraiz Ordóñez / http://labarcelonadeantes.com

SABÍAS QUE...

Durante el periodo en el que la pornografía no era legal en el Estado español, se realizaban distintas versiones de una misma película: algunas incluían escenas pornográficas para su venta en el extranjero, mientras que otras eran recortadas para evitar la censura. Una vez legalizada la pornografía, la primera película que se proyectó en las salas especializadas fue *Garganta Profunda (Deep Throat)*, en el año 1972, y fue una película muy rentable e influyente. Más tarde, en 1983, se estrenó la primera película española descrita como X, *Lilian, la virgen pervertida* (1983), dirigida por Jess Franco. Inicialmente, la película se rodó con escenas de sexo simulado, pero con la legalización de la pornografía se añadieron escenas explícitas para obtener la clasificación X.

Acabamos el viaje

Cuando surge una industria que tiene la posibilidad de recrear imágenes y vídeos sexuales de una manera generalizada, la pornografía se masifica y empieza a tener un alcance mucho más amplio. La producción de porno se integra en el modelo capitalista y pasa a formar parte de un nuevo mercado industrial a gran escala que implica una producción masiva de contenidos, una distribución global y un consumo generalizado (Egaña, 2013). Esta nueva industria aprovecha la posibilidad de generar enormes beneficios económicos explotando el deseo, la excitación y la sexualidad. En consecuencia, la pornografía acaba perdiendo el carácter contracultural, artístico y transgresor que había podido tener en distintos momentos históricos y se centra en una única finalidad: la excitación del consumidor. El porno hegemónico se convierte en un producto comercial de masas desprovisto de cualquier dimensión crítica o artística, que obedece a las lógicas de mercado y que está, por lo tanto, al servicio del capitalismo neoliberal, del patriarcado y del racismo.

Así pues, las características de la pornografía son el resultado de la interacción de distintas condiciones: económicas, legales, ideológicas, tecnológicas y sociales propias de cada momento histórico. El modelo económico capitalista condiciona cuáles y cómo son las instituciones y estructuras empresariales encargadas de la producción, distribución y exhibición de películas porno, así como su financiación. Las leyes y regulaciones, y el grado de rigor con el que se aplican, influyen tanto en la naturaleza de la industria como en la definición de lo que se considera (o no) pornográfico. El tipo de tecnología y el grado de accesibilidad determinan cómo se distribuye el porno y las maneras de consumirlo. Finalmente, las relaciones sociales patriarcales y racistas explican las características, códigos y formas de interpelación de la pornografía, perpetuando dinámicas de poder y de desigualdad (Kuhn, Anette, 1991).

3. LA NUEVA PORNOGRAFÍA EN LÍNEA

Digitalización de la sociedad

En las últimas décadas, hemos presenciado un proceso progresivo de incorporación de tecnologías digitales en la sociedad. Este nuevo paradigma tecnológico ha generado un cambio profundo en la cultura, la sociedad, los modelos y formas de producir, las maneras de vivir y relacionarnos, y también en la creación y la distribución de contenidos pornográficos. A partir del 2008, es decir, hace relativamente pocos años, tiene lugar un acceso generalizado a internet, a los dispositivos móviles inteligentes y al 4G. El móvil, ese dispositivo privado y personal con conexión constante a internet, se convierte en central para llevar a cabo todo tipo de actividades cotidianas: comunicación, entretenimiento, compras, trabajo, satisfacción de necesidades sexuales y afectivas... y, también, se usa para ver pornografía. Y ese es, precisamente, uno de los elementos clave para entender cómo se transforma la industria del porno.

EJERCICIO

La rapidez ha sido una característica del proceso de digitalización de la sociedad, y ese ritmo frenético puede habernos generado una sensación de vértigo, de miedo y de descontrol. Como muchas de nosotras hemos podido ser espectadoras de estas transformaciones, te proponemos que te detengas un momento a pensar.

¿La aparición de los móviles 4G ha modificado algún aspecto de tu vida? ¿Cómo se ha transformado tu forma de vivir la sexualidad?

Seguro que se te han ocurrido muchas cosas interesantes que consideras que han cambiado en tu experiencia de la sexualidad. Tal vez se ha transformado la manera que tienes de percibir tu propia imagen, el concepto de intimidad y exposición pública, las maneras de conocer a gente y de ligar, la comunicación en las relaciones, la atención y la presencia que dedicas a las personas, la necesidad de control...

¿Y cómo ha impactado ese nuevo paradigma en el porno?

Antes de la aparición del fenómeno de internet, la pornografía era muy distinta. Principalmente, consistía en formatos físicos: imágenes o grabaciones que se distribuían en comercios de prensa, sex-shops, videoclubs, cines pornográficos... Acceder a ella era mucho más difícil e implicaba exponerse para conseguirlo. Por otro lado, el hecho de que tuviera un coste económico, entre otros factores, hacía que el impacto que tenía sobre la sexualidad de las personas fuera mucho más limitado. Hoy, en cambio, el entramado digital ha transformado profundamente la antigua industria del sexo y ha creado un fenómeno totalmente nuevo, el llamado «Nueva Pornografía en Línea».

43

¿Qué es la NPL?

Nueva Pornografía en Línea (NPL) es el término que usan algunas expertas en el tema como Lluís Ballester y Carmen Orte para referirse al porno hegemónico, es decir, el tipo de pornografía que encontramos en el contexto actual de digitalización. Consiste principalmente en grabaciones o imágenes donde aparecen escenas de sexo explícito destinadas a generar excitación sexual y que se distribuyen a través de internet de forma gratuita y a través de plataformas de *streaming*.

Este tipo de pornografía se ha desarrollado como resultado de la introducción de las nuevas tecnologías en el sector del entretenimiento erótico y se distingue claramente de los contenidos y formatos que había antes de la aparición de internet. En la siguiente tabla, una adaptación del cuadro de la guía *Sexo virtual* elaborada por la cooperativa Eines en 2024, se detallan algunas de las características de la NPL en comparación con la pornografía convencional.

Pornografía antes de la digitalización	Nueva Pornografía en Línea
Las imágenes son de baja calidad.	Las imágenes son cada vez de mayor calidad.
Generalmente de pago (aunque también existía la piratería de contenidos).	Generalmente gratuita (aunque también hay algunas plataformas de pago).
Distribución limitada de contenidos en sex-shops, tiendas eróticas, comercios de prensa, cines X... y en formatos físicos (DVD, vídeos, revistas, fotos, películas en el cine...).	Distribución masiva de contenidos a través de internet: principalmente plataformas de *streaming* y aplicaciones.
Prácticas sexuales limitadas y centradas en la penetración pene-vagina, sexo oral y, como mucho, sexo anal.	Se representan todo tipo de prácticas sexuales, temáticas y corporalidades atendiendo a los nichos de mercado.
Visionado generalmente pasivo (con o sin masturbación).	El consumo de porno puede derivar a otros usos sexuales de las redes con más interacción e implicación sexual.
Limitaciones de acceso: barrera económica, física y restricciones de edad (mayoría de edad).	Escasas limitaciones de acceso y facilidad para esquivarlas.
Motivos para su consumo: para excitarse, para masturbarse, por curiosidad o para resolver dudas sobre el sexo.	Motivos para su consumo: para excitarse, para masturbarse, por curiosidad, para resolver dudas sobre el sexo o consumo involuntario porque se han encontrado los contenidos de forma accidental.
Se consume cuando se tiene disponibilidad de los vídeos, revistas, DVD...	Se puede consumir siempre que se quiera, dependiendo solamente de la disponibilidad de los dispositivos electrónicos y de la conexión a internet.

Sexualidad digital

La digitalización de la sociedad ha abierto una infinita gama de nuevas posibilidades y la sexualidad también ha encontrado su sitio en el nuevo universo en línea. Se han generado nuevos contextos relacionales y de intercambio de información que han transformado las percepciones sobre la sexualidad, los comportamientos y la configuración de la identidad de adolescentes, jóvenes y adultas (Gelpi, Gonzalo-Iván et al., 2019).

La noción de intimidad también se ha alterado y la frontera entre lo público y lo privado se ha ido desdibujando. Actualmente, la exhibición de aspectos íntimos de la vida a través de las redes no solo es una manera de conectar con las otras, sino también de dar forma a la propia percepción de una misma. Este nuevo significado se ha denominado *extimidad*,[6] e implica que la sexualidad se desplace a un nuevo sitio más público.

En este nuevo paradigma, es importante recordar que las tecnologías no son neutrales, sino que detrás de las plataformas y aplicaciones más conocidas y usadas a menudo hay grandes corporaciones con intereses económicos que utilizan prácticas éticamente cuestionables como, por ejemplo, el *scroll* o desplazamiento infinito.[7]

Los entornos digitales con contenidos o finalidades sexuales pueden tener distintas características según la interacción que permitan, el anonimato que se mantenga y el intercambio económico que haya, si es que hay. Por lo que respecta a los distintos niveles de interacción y anonimato, la relación con los contenidos sexuales puede ser la siguiente:

* **Observación pasiva:** implica observar contenidos sexuales. Acostumbra a mantenerse en el anonimato.
* **Observación activa:** implica observar contenidos sexuales y masturbarse. Acostumbra a mantenerse en el anonimato.

45

---

6. Extimidad es un concepto introducido por el psicoanalista Serge Tisseron, que la define haciendo referencia a la paradoja de cómo en el nuevo contexto digital algunas experiencias o aspectos muy íntimos de nuestra vida pueden exponerse, compartirse o incluso exhibirse públicamente. La extimidad no es solo una manera de conectar con los demás, sino también de dar forma a la propia percepción de una misma.

7. El scroll o «desplazamiento infinito» es una técnica de diseño web en la que el contenido de una página o aplicación se carga de manera continua a medida que el usuario se desplaza hacia abajo (hace scroll). Esta opción elimina la necesidad de hacer clic en botones como «Siguiente página» para acceder a contenido adicional y, en consecuencia, genera dinámicas que favorecen la dependencia o la adicción.

* **Interacción:** implica conversaciones a través de chats, videollamadas, videojuegos o juegos en línea... El anonimato disminuye, ya que hay una interacción con la otra persona.
* **Creación de contenidos:** implica la producción de contenidos sexuales. Hay un mayor grado de exposición y se pierde el anonimato, aunque en distintos grados, dependiendo de si se enseñan partes identificativas de la persona. Las plataformas que permiten crear contenidos sexuales están obligadas a tener filtros para menores de edad, aunque, a veces, las adolescentes consiguen saltárselos.

La sexualidad digital engloba, además de la NPL, otras plataformas diseñadas específicamente para un uso sexual y que incluyen contenidos explícitos. En este tipo de plataformas, los niveles de interacción pueden ir en aumento y, aparte de la observación, pueden implicar interacciones como conversaciones, videollamadas, juegos de sexo o creación de materiales propios. Otra característica de estas plataformas es que, si los contenidos que se ofrecen son personalizados o a demanda, suele haber un intercambio económico, y hay que pagar o introducir una tarjeta de crédito para acceder. Es un ejemplo de ello la aplicación *OnlyFans*, donde las personas pueden crear perfiles para compartir contenidos eróticos o sexuales que los usuarios pagan por ver o servicios como *Live Cams* o *StripChat*, que ofrecen acceso a sexo en directo las veinticuatro horas del día y permiten interactuar con la persona a través de conversaciones de chat. También se incluyen los juegos en línea y los videojuegos centrados en actividades sexuales, plataformas de realidad virtual tipo metaverso, donde las usuarias crean avatares y pueden mantener interacciones sexuales, etc. El consumo de contenidos pornográficos puede evolucionar hacia el uso de alguna de estas plataformas.

Además, en la sexualidad digital se incluyen también usos y prácticas sexuales a través de redes sociales y otras plataformas. Esta rama de la sexualidad digital tiene que ver con los usos que las adolescentes y jóvenes (pero también las adultas) hacen de las redes, y puede incluir distintas formas de interacción sexual. Por ejemplo, el *sexting*[8] mediante redes sociales, conexiones con gente desconocida a través de chats en línea, conversaciones con connotaciones sexuales en platafor-

---

8. El *sexting* es una práctica sexual que consiste en el intercambio digital de contenidos (generalmente de imágenes) de carácter sexual.

mas como Twitch o en chats asociados a videojuegos. Es común también utilizar redes sociales como Instagram o aplicaciones específicas como Tinder para conocer a gente, ligar y establecer relaciones sentimentales y sexuales. A veces, se usan también páginas web de *fanfiction*, blogs de personas que escriben y publican sus relatos, a menudo de carácter erótico.

Es importante reconocer que algunos de esos usos de las redes pueden comportar riesgos para adolescentes y jóvenes, y es esencial que como educadoras ofrezcamos información y herramientas para ayudarlas a gestionar los entornos digitales con seguridad, cuidado y consciencia. En el apartado de la propuesta educativa hablaremos un poco más de todo esto y te daremos algunas herramientas y estrategias para trabajarlo.

¿Cómo funciona la industria pornográfica?

La industria del porno es opaca y compleja. Aun así, intentaremos resumir sus puntos clave para poder entender cuál es su situación actual y ver cómo eso condiciona el tipo de porno que ven adolescentes y jóvenes y los usos que hacen de él.

Para comprender cómo funciona este mundo en la actualidad, debemos volver a hablar de las transformaciones que se han producido en las últimas décadas. El proceso de digitalización de la sociedad ha comportado grandes cambios, y por lo que respecta a la pornografía, la llegada de internet transformó completamente su producción, distribución y consumo.

A principios del siglo XXI se empezaron a desarrollar plataformas de distribución de contenidos a través de internet. Las productoras pornográficas que se habían dedicado a esa industria fueron abandonando progresivamente la distribución en formatos físicos, principalmente DVD, y tendieron hacia la nueva distribución en línea (Ovidie, 2017). Paralelamente, en ese contexto, grandes multinacionales vieron una nueva oportunidad en este mercado y se introdujeron en él con el objetivo de seguir magnificando sus beneficios económicos.

Actualmente, encontramos la mayor parte de la pornografía en plataformas de *streaming* gratuitas, llamadas *tubes*, que están gestionadas por grandes multinacionales. Para que nos entendamos, un *tube* (o canal) es como YouTube, pero con vídeos porno. En estos canales, las personas usuarias, aparte de consumidoras, también pueden ser creadoras de contenidos, lo que genera una inversión de los circuitos de producción y establece una nueva figura: el *prosumidor* (Fernández, Jorge, 2015). Este modelo en el que las usuarias pueden subir contenido ha sido criticado y denunciado, ya que los mecanismos de verificación son deficientes y han permitido incluir contenidos pirateados o grabados sin consentimiento (Valle, Silvia, 2020), (Egaña, 2017). Por lo tanto, los modelos clásicos de producción cinematográfica que implicaban actores, actrices, directores, productoras, distribuidoras han ido quedando obsoletos para dejar paso al nuevo paradigma de los *tubes*. El nuevo modelo ha contribuido a la precarización de las condiciones laborales de las trabajadoras y ha generado una fuerte desregulación del sector.

La proliferación de estas plataformas con contenidos ilimitados y los formatos de vídeo que ofrecen (generalmente de corta duración) han hecho que las personas que consumen porno se hayan acostumbrado a tener a un solo clic millones y millones de vídeos gratuitos, y algunos de ellos con contenidos muy violentos. Parece que nunca sea suficiente. En consecuencia, las prácticas que se representan en el porno han ido aumentando el grado de agresividad, adaptándose a las exigencias de este mercado turbulento. Al mismo tiempo, ese aumento de la agresividad en el porno hegemónico podría estar relacionado, entre otros factores, con la crisis de autoconfianza masculina vinculada a la crisis económica y al miedo a una pérdida de privilegios a causa del auge de los movimientos feministas y LGTBI+ (Kuhn, 1991).

Las grandes multinacionales que gestionan los llamados *tubes* se caracterizan por estar formadas por estructuras empresariales ocultas. Por ese motivo, es muy difícil poder acceder a información y datos verídicos que permitan medir el alcance de este fenómeno, tanto por lo que respecta al ámbito económico como al impacto sobre la población. Además, si nos fijamos en los países de donde provienen los pocos datos que hay, son principalmente países occidentales y del Norte Global. En muchas otras regiones del mundo, como Oriente Medio, el norte de África (excepto Egipto), algunos otros países de África y sitios como

Malasia o Indonesia, se ha ilegalizado la producción, distribución y consumo de pornografía y, en consecuencia, no se dispone de información oficial de qué efectos tiene ni de si está habiendo un consumo o producción por medios ilegales, lo cual no significa que no se produzca (Gabriel, Karen, 2017).

La multinacional más conocida que se dedica a esta industria es MindGeek, a veces conocida como Aylo, y es una empresa tecnológica canadiense con sede en Luxemburgo. Este gigante gestiona varias páginas web conocidas como YouPorn, Pornhub o Redtube, y también algunas productoras muy famosas como Digital Playground o Brazzers. Se calcula que un 80 % de los contenidos de pornografía provienen de sus filiales, y la empresa ha recibido varias demandas por la distribución de contenidos de violencias sexuales y vídeos donde aparecen menores (Valle, 2020).

Dos otras grandes empresas que mueven mucha cantidad de pornografía son WGCZHoldings, situada en la República Checa, y Hammy Media, ubicada en Chipre. Se desconocen los otros gigantes de la distribución gratuita, pero se cree que hay ocho o nueve más, que están obteniendo grandes beneficios económicos.

No obstante, cuando hablamos de la industria del porno, debemos mencionar que, más allá de los *tubes* gestionados por grandes multinacionales, existen plataformas y productoras que exigen mecanismos de verificación de edad y de contenidos. Así, también hay un entramado cada vez más consolidado de directoras, actrices, productoras y distribuidoras que están poniendo en el centro de su creación la pornografía ética[9] y feminista,[10] dignificando las condiciones laborales del personal y procurando que tanto la producción como la distribución de los contenidos sean de calidad. Aun así, por ahora, no han conseguido disputar la hegemonía del porno dominante.

---

9. La pornografía ética pone el foco en las condiciones de trabajo de los actores y actrices pornográficos, asegurando que se respeten sus derechos laborales, el consentimiento y la seguridad durante el rodaje. Este tipo de pornografía quiere garantizar que las trabajadoras estén plenamente de acuerdo con las prácticas y se graben en un entorno libre de coacción o explotación.

10. La pornografía feminista es una corriente dentro de la pornografía que nace a finales del siglo XX con el objetivo de disputar las representaciones dominantes, romper con los estereotipos de género tradicionales, evitar la objetificación y dar visibilidad a la diversidad de cuerpos, deseos, orientaciones sexuales, identidades y prácticas eróticas. Defiende una representación igualitaria y respetuosa de las personas implicadas, especialmente las mujeres. A menudo se centra en la participación activa y el consentimiento, tanto en las relaciones sexuales como en los procesos de producción, y busca garantizar unas condiciones laborales dignas.

VOZ EXPERTA.
Los derechos de las
trabajadoras del porno

Para conocer de primera mano las experiencias y reivindicaciones de las trabajadoras del sector del porno hemos querido hablar con Sílvia Rubí. Ella es actriz porno, directora y productora desde 2006. De Barcelona, ha trabajado en Europa, Estados Unidos y Australia. Es directora artística del salón erótico de Barcelona y miembro de la Muestra Fervor.

¿Qué derechos laborales se reclaman dentro del sector del porno?

Para poder responder a esta pregunta primero necesitamos un poco de contexto sobre la situación actual de las trabajadoras del sector. En primer lugar, debemos entender que el porno se sitúa dentro del ámbito audiovisual. Todo el mundo que ejerce un trabajo detrás de las cámaras responde a la regulación estatal de derechos y deberes de trabajadores, ya sean eléctricos, operadoras de sonido, de cámara, etc. Por ello, todos esos profesionales están amparados por la ley en caso de accidente, de baja, etc. El gran problema es que no existe un apartado exclusivo que haga referencia al porno dentro del audiovisual, ya que los trabajadores sexuales no estamos reconocidos como trabajadores.

Así, los actores y actrices solo pueden ser contratados bajo el epígrafe de artistas o actores, aunque este no refleje nuestras condiciones específicas de rodaje. Reclamamos, por lo tanto, un epígrafe donde se reflejen las siguientes condiciones:

* **Durabilidad de un rodaje:** no es lo mismo grabar un anuncio o representar una obra teatral que realizar prácticas sexuales durante horas. Necesitamos un protocolo que indique cuánto tiempo se puede grabar sexo en un día, cuántas escenas se pueden realizar en una jornada, cada cuánto deben hacerse descansos, etc.

* **Riesgos laborales:** así como en cualquier otro trabajo hay un manual de riesgos laborales, en el porno, por ejemplo, no hay ningún documento donde se contemple el riesgo de adquirir una infección de transmisión sexual, de sufrir un accidente durante el rodaje o de acabar teniendo un problema de salud física o mental por el hecho de llevar a cabo repetidas prácticas sexuales. También deberían tenerse en cuenta las condiciones climáticas y de salubridad en las que muchas veces se trabaja, grabar a altas o bajas temperaturas, o en el exterior, donde no se dispone de las medidas sanitarias necesarias.

* **Baja por enfermedad o permiso de maternidad:** no se dispone de ningún apoyo estatal en esos casos. Si estás en tratamiento por una ITS o acabas de dar a luz, no hay ninguna compensación económica que cubra ese periodo.

La mayor parte de actrices y actores no trabajan bajo contrato, sino que son autónomos; por lo tanto, aún es más difícil conseguir solucionar estos vacíos. Uno de los problemas principales de cara a obtener esos derechos es el estigma que engloba el trabajo sexual. ¿Cómo podemos conseguir mejoras si no se nos reconoce como trabajadoras?

¿Por qué es gratis la mayoría de porno?

Las plataformas donde encontramos contenidos de porno gratuito, los tubes, se financian principalmente a través de publicidad, recopilación y venta de datos a otros servidores y programas de afiliación y suscripción. No pagan derechos de autoría ni licencias, y un gran número de vídeos que aparecen en ellas son o pirateados (robados de otras productoras) o grabados y/o colgados sin consentimiento.

SABÍAS QUE...

* En el año 2019, una plataforma de contenidos pornográficos colgó 6,83 millones de vídeos nuevos, es decir, 1,36 millones de horas de contenido (Pornhub Insights, 2023). Para hacernos una idea de lo que representa, ¡una persona tardaría más de ciento cincuenta años en ver todos estos vídeos seguidos!

* El mismo año 2019, la misma plataforma registró 115 millones de visitas diarias (Pornhub Insights, 2023).

* Se calcula que los ingresos de los grandes gigantes del porno son de alrededor de 37,6 billones de euros mensuales (Ovidie, 2017).

* Casi un tercio de los vídeos porno contienen actos de agresiones físicas, en un 90% de los casos hacia las mujeres (Gallego, Claudia y Fernández-González, Liria, 2019).

¿Cómo se distribuyen los contenidos?

La presencia de contenidos sexuales no se limita a las páginas web pornográficas, sino que han colonizado una buena parte de los espacios virtuales como las redes sociales, videojuegos, etc. Por ejemplo, hay *stickers* con contenidos explícitos que se pueden descargar directamente de páginas porno o videojuegos que incluyen contenidos sexuales. Aparte, hay también muchas redes sociales que hacen de puente con páginas porno a través de etiquetas y enlaces.

Estos son algunos de los entornos y de las plataformas digitales por donde se distribuye la pornografía:

* **Páginas web pornográficas gratuitas** o *tubes*.
* **Aplicaciones específicas de porno descargables en el móvil.**
* **Plataformas pornográficas de pago.**
* **Cámaras en directo** o *cam shows*.

* **Videojuegos y juegos en línea:** encontramos juegos que consisten directamente en mantener relaciones sexuales o juegos que incluyen contenidos sugerentes o explícitos, como el Grand Theft Auto —en el que hay una sala de *strippers*— o Dead or Alive Xtreme Beach Volleyball, conocido por la fuerte sexualización de las chicas.
* **Banners y pop-ups:** ventanas emergentes que aparecen en los navegadores y que contienen contenidos pornográficos.
* **Plataformas de realidad virtual:** plataformas como Second Life permiten crearte un avatar con el que puedes tener una interacción sexual con otras personas.
* **Redes sociales y aplicaciones de mensajería::**
  * ✓ **Telegram:** permite crear grupos y canales de distribución de contenidos para adultos.
  * ✓ **X:** antiguamente Twitter, que tiene muy poca censura en relación con los contenidos sexuales y donde encontramos una gran cantidad de vídeos explícitos.
  * ✓ **Twitch:** se encuentran los hot tubes o retransmisiones con connotaciones sexuales.
  * ✓ **Snapchat:** a través de la versión prémium se pueden ver contenidos sexuales explícitos.

¿Qué modelo de sexualidad transmite el porno hegemónico?

El porno hegemónico refleja un modelo de sexualidad normativo y consolida narrativas claramente machistas, racistas, capacitistas,[11] misóginas y gordófobas.[12] Al mismo tiempo, como fenómeno de alcance global, también es

---

11. El capacitismo es una estructura de opresión que discrimina y excluye a las personas con diversidad funcional. Se basa en la creencia de que son inferiores a las consideradas «normales» y se manifiesta en actitudes, prejuicios y comportamientos de rechazo hacia este colectivo.
12. La gordofobia es una discriminación estructural y sistemática. Consiste en el odio, rechazo y violencia que sufren las personas gordas por el hecho de ser gordas. Es una discriminación que está consolidada sobre prejuicios respecto a los hábitos, costumbres y salud de las personas gordas, que se nutren de la creencia de que el cuerpo

capaz de contribuir a modificar los discursos, las prácticas y las percepciones sobre la sexualidad, convirtiéndose en uno de los agentes más importantes que crea realidades, conceptos y tendencias. A continuación, listamos algunas de las características que encontramos en la mayoría de los vídeos para poder identificar cuál es el modelo de sexualidad que están representando y reproduciendo.

1. Mirada masculina y patriarcal

El porno hegemónico es machista y los contenidos que muestra están pensados para satisfacer el deseo masculino. Los roles que reproducen los hombres, concretamente los hombres cis,[13] son de superioridad, dominación y violencia. Ellos son quienes tienen un deseo activo, protagonistas de la acción, llevan la iniciativa, su placer es el centro de la narración. En contraposición, quien representa el objeto de deseo, ya sean mujeres u otros sujetos feminizados, tiene un rol pasivo y sumiso, disponible para los deseos y las fantasías de los hombres. La mirada masculina tiene que ver con los contenidos, pero también con los códigos de representación y los recursos narrativos que se utilizan. Por ejemplo, las cámaras suelen enfocarse en partes del cuerpo femenino (primeros planos de genitales, pechos, culo o caderas), fragmentando a la persona y convirtiéndola en un objeto de deseo. Esta visión masculina se hace todavía más evidente en los vídeos de la categoría POV (punto de vista), que muestran directamente la perspectiva de lo que vería el hombre en la relación sexual, como si llevara una cámara en la cara y retransmitiera la experiencia. No existe esta categoría desde ningún otro punto de vista y, en consecuencia, la mirada masculina resulta la neutra y la única posible.

2. Contenidos principalmente cisgénero y heterosexuales

La gama de porno gay, lésbico y trans es cada vez más amplia, pero si observamos la página principal de la mayoría de las webs pornográficas encontra-

---

gordo corresponde a una falta de voluntad o de autocuidados de la persona, de no hacer el esfuerzo suficiente para estar delgada, motivo por el que merece el «castigo» o el rechazo.

13. «Cisgénero» significa una persona que tiene una identidad de género que coincide con la que se le había asignado al nacer, teniendo en cuenta sus genitales. Estas personas pueden estar más o menos a gusto con su cuerpo y decidir modificarlo en distinto grado.

remos principalmente vídeos de personas cis y heterosexuales. Aunque en el porno hay diversidad sexual y de género, esto responde a las demandas del mercado y representa unas sexualidades fetichizadas y que reproducen roles y estereotipos muy marcados.

La mayoría de las páginas gratuitas muestran en el inicio un menú que tiene tres opciones: porno heterosexual, gay o trans. Curiosamente, el porno lésbico no aparece en esta clasificación principal. No tiene un apartado en sí, sino que es una categoría dentro de la sección «heterosexual», hecho que muestra cuál es su público objetivo.

Si analizamos rápidamente el apartado de porno trans, vemos que aparecen principalmente mujeres trans sin los genitales operados y que tienen un rol hiperfeminizado (Rodríguez, Maria, 2023). Este estereotipo corresponde principalmente a la fantasía masculina de tener relaciones sexuales con una mujer con una expresión de género femenina y con pene. Buscando un poco más, encontramos también vídeos de hombres trans, personas no binarias o queer,[14] aunque son escasos y la mayoría están tomados de otras productoras alternativas y colgados sin consentimiento. En el porno lésbico, principalmente pensado para satisfacer las fantasías masculinas, las lesbianas son mostradas como mujeres hiperfemeninas y la representación del sexo que hacen se aleja de las experiencias de este colectivo. La bisexualidad de las mujeres se presupone y se muestra como un juego sin importancia, y no como una orientación sexual (Rodriguez, 2023). En cambio, en los chicos está mucho menos representada y lo más común es que si en un vídeo intervienen, por ejemplo, dos hombres y una mujer, los hombres no interaccionen sexualmente entre ellos. En los contenidos de porno gay se reproducen muchos de los mitos de la dominación masculina presentes en la heterosexualidad. En este marco, uno de los hombres toma el rol masculino activo y el otro el rol pasivo, convirtiéndose en el sujeto feminizado. Además, una de las fantasías más presentes en el porno gay es la de tener relaciones con chicos adolescentes que se inician en el sexo homosexual.

55

---

14. Es un movimiento que nace en los Estados Unidos y que da un nuevo significado a la palabra «queer», que significa 'extraño', pero aceptado con orgullo. Engloba a personas que salen de la cisheteronormatividad, tanto por su identidad como por su expresión u orientación.

3. Estereotipos racistas

En el modelo de sexualidad representado en el porno encontramos un ejemplo de fetichización[15] de la raza y de reproducción de estereotipos que tienen su origen en la época colonial, y son consecuencia de la supremacía cultural de occidente. Así, igual que decíamos que el porno reproduce los deseos de los hombres, también escenifica las fantasías de las personas blancas. En el menú inicial de las páginas se asume la categoría «blanco» como la neutra y, por contra, se clasifican en categorías los otros cuerpos que no lo son haciendo referencia bien a los rasgos raciales o bien a la procedencia de las personas: *blackie*, *afro*, *asian*, *arab*, *ebony*, etc. En el porno hegemónico se refuerzan estereotipos racistas, como por ejemplo: se muestra a las mujeres asiáticas como sumisas e infantiles, a las mujeres negras como hipersexuales (siguiendo la idea colonial que define la sexualidad de las personas negras como salvaje), a las mujeres «latinas» con pechos grandes y muchas curvas, a los hombres negros con el pene exageradamente grande, etc.

4. Categorías que clasifican y fetichizan los deseos y las personas

Las categorías estructuran las páginas web de porno. Crean un mercado donde elegir con un clic cómo excitarte y con quién. Las categorías del porno hegemónico principalmente clasifican los vídeos en función de las características físicas de las mujeres, así como de los otros sujetos feminizados. Responden y reproducen una lógica de violencia machista, racista y lgtbifóbica, gordófoba y capacitista.

Se dividen, por ejemplo, en función de la edad (maduras, MILF, adolescentes…), de si la persona es trans o no, de vestuarios y elementos (bikini, látex…), del color del pelo (rubias, morenas…), de la raza o procedencia (asiáticas, negras, latinas, españolas, americanas, colombianas, marroquís…), del aspecto corporal (gordas, pechos grandes, culo grande…), de la orientación sexual (lesbiana, bisexual…), de las formas de ordenar la mirada (POV, *voyeur*…), de las prácticas sexuales, y un largo etcétera.

---

15. La fetichización es la acción o tendencia de convertir algo en fetiche. Un fetiche es una preferencia o fijación intensa en la que una persona experimenta excitación sexual por un objeto, una parte del cuerpo específica, una característica concreta o una situación particular. El porno y su estructuración en categorías muy específicas han contribuido a la creación de un imaginario de la sexualidad mucho más fetichizado.

5. Normalización de la violencia

En muchos de los vídeos pornográficos que se encuentran disponibles de forma gratuita aparecen múltiples formas de violencia hacia las mujeres, como agresiones físicas, verbales, humillaciones... El poder y la sumisión marcan una clara tendencia en los contenidos dominantes, y títulos como «me follé a una guarra en el parque», «me corrí en su cara» o incluso «violación grupal» acumulan muchas visualizaciones. La violencia hacia las mujeres se hace evidente en el lenguaje exageradamente machista que se utiliza en los vídeos y también en la exhibición de prácticas sexuales donde se muestra a las mujeres sufriendo: felaciones hasta el ahogo, asfixia, llantos, etc.

Si bien las prácticas sexuales que incluyen un juego con la dominación y el dolor pueden ser deseadas y consentidas por las partes implicadas y practicadas en un marco de pactos de seguridad, en el porno hegemónico estas se banalizan y se representan como una forma más de violencia, sin consentimiento ni acuerdos previos.

Además, hay muchos vídeos que incluyen escenas relacionadas con abusos de poder que erotizan los vínculos en los que hay una desigualdad: profesor-alumna, padrastro-hija, jefe-trabajadora, etc. En estos vídeos, los hombres consiguen sexo mediante estrategias de coerción y chantaje, y finalmente las mujeres acceden.

La violencia hacia las mujeres que vemos en el porno se reproduce también en vídeos donde aparecen solo hombres. Uno de ellos toma el rol de poder y dominación y lo ejerce hacia el otro, que adopta un rol feminizado. El poder entre hombres también se ejerce en función de la edad y el hombre que es mayor suele ser quien domina al más joven.

6. Sexualidad centrada en los genitales y falocéntrica

El tipo de relaciones sexuales que se muestran en el porno hegemónico se focalizan en los genitales, que ocupan muchos primeros planos y captan la mayor parte de la atención. Se olvidan las otras partes del cuerpo y las sensaciones placenteras que se producen en ellas. El gran protagonista es el pene: es el elemento central de la narración, siempre presenta unas grandes dimensiones y mantiene la erección. Las vulvas acostumbran a cumplir unos patrones normativos y son simétricas y depiladas. Además, se muestran siempre lubricadas y disponibles para cualquier práctica sexual. En el caso de las mujeres trans, sus genitales se fetichizan y se establece una clara jerarquía entre quien los tiene operados y quien no.

Los fluidos que se expulsan, sea el semen o el *squirt*,[16] tienen también mucho protagonismo y son exageradamente abundantes. La cantidad de semen mide la masculinidad de los hombres con pene, y el *squirt* se presenta como un indicador de placer.

7. Cuerpos normativos y gordofobia

Los cuerpos de las mujeres que aparecen por defecto son cuerpos normativos: depilados, operados, delgados, fuertes y jóvenes. Todo lo que se sale de la norma es fetichizado y, como hemos dicho, se clasifica en categorías: «gordas», «transgénero», «pechos pequeños», «culo gigante» «mujeres con diversidad funcional»... El perfil de los hombres, aunque también cumple con un estereotipo, es más variado, y tanto podemos encontrar perfiles de chicos musculosos y con el pene grande, como también hombres que no encajan a la perfección con los cánones de belleza.

La violencia hacia las mujeres gordas está muy presente en los vídeos del porno hegemónico y es habitual ver vídeos con títulos como «desvirgando a una gorda», «XXL», «culo gigante», «tetas brutales», etc. Los hombres gordos tienen poca presencia en el porno heterosexual que, como hemos visto, se ordena en función del cuerpo de las mujeres. A pesar de todo, en el porno gay tienen bastante protagonismo y se enmarcan en la categoría que se ha llamado «osos»: hombres robustos y con bastante pelo corporal.

8. Coitocentrismo y coreografía sexual

El modelo sexual del porno hegemónico es coitocentrista y la penetración, tanto vaginal como anal, es la práctica sexual más representada con diferencia. El sexo que se muestra es mecánico y repetitivo y la coreografía sexual reproduce un esquema sencillo: masturbación, sexo oral, penetración en distin-

---

16. El *squirt* es un líquido transparente, de composición similar a la orina, pero mucho más diluido, que proviene de la vejiga y que las personas con vulva pueden expulsar a través de la uretra durante la actividad sexual.

tas posturas, eyaculación y orgasmo masculino. Si hay un orgasmo femenino, es eventual y casi nunca representa el final de los vídeos.

La coreografía representada es perfecta: no hay interrupciones ni errores. Los personajes no se cansan, no se tropiezan, no beben agua, no paran para comer... La excitación se mantiene sostenida a lo largo del vídeo y es exageradamente rápida. En pocos minutos, las personas están disponibles para tener relaciones sexuales y para hacer cualquier tipo de práctica, obviando que algunas necesitan un rato de preparación.

9. Ausencia de contexto y de comunicación

Las historias de los vídeos no presentan ningún contexto relacional elaborado, y el sexo es un acto puramente mecánico. Se omiten las conversaciones durante el sexo, los diálogos que hay son escasos y pobres y se obvian las preguntas para saber cómo está la otra persona, si le está gustando, si está a gusto, etc. La comunicación no verbal se ignora por completo, ya que no se tienen en cuenta las señales de malestar que se expresan.

La falta de comunicación refuerza la ausencia de un consentimiento explícito y verbalizado y contribuye a consolidar la idea de que el silencio es imprescindible para una relación sexual perfecta y que la comunicación es una «cortada de rollo», una demostración de la poca química o de poca conexión.

10. Uso escaso de métodos de protección

En la mayoría de los vídeos no se observa el uso de métodos de protección de ITS o de embarazos como el preservativo interno, externo, o la barrera de látex.

EJERCICIO

Ahora que ya hemos repasado las características del porno hegemónico, queremos preguntarte lo siguiente:

¿Crees que estas características son muy distintas del resto de representaciones culturales dominantes de la sexualidad (series, películas, libros...)?

¿Podría el porno mostrar este tipo de sexo (patriarcal, centrado en los genitales, coitocéntrico, cosificador, racista...) si no hubiera un marco estructural que lo permitiera?

60 Las feministas llevan décadas señalando que el modelo de sexualidad y de mujer objeto que se representa en la pornografía hegemónica es el resultado lógico del dominio cultural que tiene este modelo en el resto de las representaciones (anuncios, revistas, series, películas...). La diferencia es tan solo una cuestión de grado, es decir, existe un continuo entre todas ellas, aunque unas estén más socialmente aceptadas (Kuhn, 1991). Eso implica que una crítica a la pornografía hegemónica nos conduce necesariamente a una crítica estructural del patriarcado.

Algunas estadísticas del porno hegemónico

Es interesante analizar algunas de las estadísticas sobre consumos de pornografía que una de las plataformas de distribución gratuita cuelga de forma anual en su web. Sin embargo, debemos remarcar que estos datos son proporcionados por la propia página y que, por lo tanto, pueden haber sido modificados al gusto de la plataforma. Aparte, debemos también tener en cuenta que solo veinte países del mundo forman parte de este registro de datos, y se excluyen la mayoría de los países del Sur Global, donde la pornografía está prohibida.

Consumo de porno diferenciado entre hombres y mujeres

Los hombres tradicionalmente han consumido más porno, aunque se observa la tendencia de las mujeres a verlo cada vez más. Según esta página, la proporción total de mujeres visitantes es del 36 %, un 1 % más que el año anterior.

Las categorías más buscadas y más vistas

Durante el año 2023, las palabras más buscadas fueron *hentai* (porno *anime*), MILF (*Mother I'd Like to Fuck*) y *lesbian*.

61

Las categorías más buscadas según el género

Si dividimos estas búsquedas por género, vemos que entre los hombres las tres palabras más buscadas fueron «japonesa», «madura» y «anal» y que, en cambio, entre las mujeres, fueron «lesbiana», «japonesa» y «trío».

Las categorías significativamente más vistas por mujeres que por hombres

Scissors (tijeras: frote entre vulvas), *transgender* (transgénero) y *pussy licking* (sexo oral a una vulva) fueron tres de las categorías significativamente más vistas por mujeres que por hombres. Estos datos denotan que el tipo de consumo de pornografía y los contenidos que se miran están claramente diferenciados en función del género.

Lo más buscado y visto en el porno gay

La palabra más buscada fue *twink* (adolescente), seguida por *anime* (porno manga) y *pinoy* (término que hace referencia a las personas filipinas). *Straight Guys* fue la primera categoría más vista (hace referencia a hombres que tienen sexo con otros hombres, pero que son heterosexuales) y *black* (personas negras) fue la segunda.

Duración de las visitas a la plataforma

La duración media de la visita en esta plataforma es de 10 minutos y 9 segundos y en el Estado español de 9 minutos y 38 segundos. A diferencia de otras épocas, en las que las películas porno eran largas y en las que el erotismo iba subiendo de tono, cada vez más los vídeos porno y su consumo se está asimilando a un modelo parecido al del *fast food*, caracterizado por la rapidez y la compulsividad.

Retos de futuro

En relativamente pocos años el contexto digital ha cambiado completamente y lo seguirá haciendo en el futuro, ya que estamos viviendo el desarrollo de tecnologías como la realidad virtual o la inteligencia artificial. Una vez más, vemos como los avances tecnológicos tienen implicaciones en la creación y la distribución de contenidos pornográficos. Por ejemplo, algunas páginas web explícitas ya incluyen un apartado de realidad virtual en su menú. Las experiencias inmersivas son cada vez más frecuentes en el sector, tanto en el porno dominante como también en las propuestas de porno feminista.

En paralelo, ya se está empezando a utilizar la inteligencia artificial para crear vídeos explícitos y sexuales, y es posible que esta nueva tecnología comporte un cambio de paradigma en todo el mundo audiovisual, ya que permitirá utilizar la imagen de una persona para crear y editar cualquier tipo de contenido, prescindiendo de su presencia y, a veces, también sin su consentimiento.

El modelo de sociedad al que nos llevará esta nueva realidad está por verse, y será necesario medir de forma crítica los impactos de las regulaciones que se están aplicando, analizar si deberían formularse otras nuevas, y pensar cómo se podrán realmente hacer efectivas en un entorno tan difícil de regular como es internet.

En el ámbito educativo, se deberá hacer frente a los nuevos retos que plantean estas herramientas, y ya han comenzado a verse las implicaciones que pueden tener entre las jóvenes, como por ejemplo los casos de los *deepfakes*[17] que se han dado en algunos centros educativos o el caso que salió en los periódicos en enero de 2024, en el que una chica del Reino Unido denunciaba una violación grupal en el metaverso, un espacio de realidad virtual.

La tecnología digital no es neutra porque está principalmente diseñada y gestionada por parte de grandes corporaciones que la han convertido en un negocio muy rentable. En un contexto patriarcal y racista y en un sistema económico capitalista y neoliberal, la tecnología digital puede resultar una herramienta más para reproducir las estructuras de dominación y las violencias. Por el contrario, usada de una forma ética y democrática, puede convertirse también en un recurso que contribuya a la creación de sociedades más justas.

63

---

17. Los *deepfakes* (ultrafalsos pornográficos) hacen uso de la tecnología de *deepfake* para crear imágenes o vídeos con contenido sexual explícito en los que se utiliza la cara de una persona, generalmente sin su consentimiento, superponiéndola al cuerpo de otra persona en una situación pornográfica. Esta tecnología se basa en la inteligencia artificial, que analiza imágenes de la persona original y las integra en un vídeo o una fotografía para hacer que parezca real.

4. LEGISLACIÓN SOBRE PORNOGRAFÍA

Pasado y presente de la regulación del porno

Legalidad, censura y pornografía han sido conceptos estrechamente vinculados y han llenado páginas y páginas de libros e informes de tribunales por todo el mundo. La regulación de la expresión sexual, a lo largo de la historia, ha ido muy ligada a la regulación de la sexualidad y también del comportamiento social. Además, uno de los conflictos de los intentos de prohibición de la pornografía es que a menudo han entrado en contradicción con la defensa de la libertad artística y de expresión.

Históricamente, podemos afirmar que ha habido distintas posturas sobre la regulación de la pornografía desde el punto de vista legal: una postura conservadora, que ha defendido su limitación con el objetivo de preservar los valores morales y la familia tradicional; una postura feminista antipornografía, que ha apostado por su prohibición justificando los daños que inflige a las mujeres y la relación con el aumento de las violencias sexuales; y una postura liberal, que ha argumentado que no debe regularse la pornografía, ya que no causa daños que se puedan evidenciar y que ha defendido la idea de que limitarla implicaría restringir las libertades individuales.

En el contexto actual de globalización, la pornografía es una industria mundial; pero contradictoriamente, las regulaciones y leyes para controlarla recaen en el ámbito estatal. La Unión Europea, por ejemplo, ofrece un marco general para la protección de los menores y para la garantía de la privacidad en línea a través, entre otras, de la ley de servicios digitales que entró en vigor en el año 2023. Aun así, la regulación específica de la pornografía depende de cada uno de los Estados miembros, que interpretan y aplican las directrices según su criterio. En la mayoría de los países de la UE, el consumo, la producción y la distribución de pornografía está prohibido para menores de dieciocho años. A partir de esa edad, el consumo de pornografía suele ser legal,

64

aunque hay excepciones, como la de Islandia o Bielorrusia, donde es ilegal su consumo en cualquier etapa de la vida. Paradójicamente, hay algunos países de la UE que combinan leyes que regulan la pornografía de forma muy estricta con industrias muy fructíferas en sus territorios, como Hungría o la República Checa (Valero, 2022).

Pero... ¿cómo se regula el porno?

En los últimos años, la mayoría de los intentos de limitación de la pornografía han ido encaminados a regular las plataformas en línea a través de exigir mecanismos de verificación de edad de las usuarias, de establecer sistemas de clasificación de contenidos y de instar a los proveedores de internet a ofrecer servicios integrales de filtrado que permitan bloquear páginas web y tipologías de contenidos concretos en entornos específicos. En ese sentido, es interesante analizar qué efectos han tenido las regulaciones que se han aplicado a otros territorios para poder ver qué medidas pueden ser útiles, cuáles se ha visto que no lo son, o cuáles hay que mejorar.

El caso del Reino Unido

La jurista Ana Valero (2022) explica detalladamente el ejemplo del Reino Unido, un modelo interesante de aplicación de políticas y leyes de regulación de la pornografía centradas en la verificación de la edad. En el año 2013, el gobierno británico acordó con las empresas de telefonía móvil y proveedoras de internet aplicar de forma automática en los dispositivos y plataformas filtros de contenido para adultos. Estos filtros podían desactivarse si las usuarias verificaban que tenían más de dieciocho años. Posteriormente, en el año 2017, aplicaron la ley Digital Economy Act (DEA), con un apartado referente a la pornografía en línea, y que definía que todo proveedor que pusiera pornografía a disposición de cualquier persona del Reino Unido a través de internet y/o proveyera pornografía con fines comerciales, debía asegurarse de que las menores no tuvieran un acceso normalizado a dicho material.

Estas normativas, que tenían el objetivo de regular el acceso al porno, se toparon con varios obstáculos y críticas en su aplicación. En primer lugar, el requisito de verificar la edad fue controvertido, ya que los mecanismos que se utilizaban proporcionaban datos personales de las usuarias a empresas comerciales de pornografía. Por otro lado, las sanciones planteadas fueron impuestas principalmente a proveedores de pornografía comercial y no a otras plataformas que a menudo actúan como intermediarias, como las redes sociales: X (antiguo Twitter), Telegram, etc. Por último, las regulaciones se impusieron a quien accedía a internet desde el Reino Unido, normativa muy fácil de esquivar conectando los dispositivos desde redes de otros países con menos restricciones.

La regulación en el Estado español

Si nos fijamos en el contexto del Estado español, hay varios artículos del Código Penal que regulan la pornografía. En primer lugar, el Artículo 189 prohíbe explícitamente la «producción, distribución, posesión y acceso a contenido pornográfico que implique a menores de edad y personas con discapacidad», y el artículo 186 castiga a aquellos quien por medio de cualquier medio «vendan, difundan o exhiban material pornográfico entre menores de edad o personas con discapacidad». En el artículo 183 se tipifican las acciones de captación, explotación o contacto con menores con finalidades sexuales.

De forma complementaria, la Ley Orgánica 8/2021 de protección integral a la infancia y la adolescencia frente a la violencia establece un marco general de carácter orientativo donde se aborda el uso seguro de internet y expone la obligación de las administraciones públicas de desarrollar campañas de educación y sensibilización de toda la población sobre internet, de realizar diagnósticos sobre los usos del mundo digital, de establecer colaboraciones con el sector privado para crear entornos digitales más seguros, de introducir educación sexual y afectiva en todas las etapas educativas, así como otras medidas que están por desarrollar.

En el ámbito audiovisual, la Ley general de comunicación audiovisual, aprobada en 2010 y actualizada en 2022, exige que las plataformas implementen sistemas de verificación de edad. Esta normativa, sin embargo, solo se aplica a las plataformas que operen dentro del territorio español, lo cual deja fuera de la regulación a la mayoría de las páginas web de contenido pornográfico, ya que están registradas en otros países.

La nueva propuesta de ley orgánica de protección al menor en los entornos digitales

En 2024, el gobierno del PSOE propuso una ley con el objetivo de proteger los menores en los entornos digitales. El proyecto de ley fue aprobado por el Consejo de Ministros el 25 de marzo de 2025 y, posteriormente, fue remitido en el Congreso de los Diputados para iniciar su tramitación parlamentaria.

La normativa planteada tiene como objetivo proteger a las menores en entornos digitales de las violencias y del acoso a través de las redes sociales, así como de la pornografía en internet y las adicciones a las pantallas. La propuesta establece obligaciones para las administraciones públicas, los agentes educativos y de salud, y modifica el Código Penal. También introduce una regulación destinada a fabricantes, distribuidores y comercializadores de dispositivos, así como a los proveedores de contenidos audiovisuales. Esta proposición de ley se inspira claramente en la normativa recientemente aplicada en Francia, centrada en los mecanismos de verificación de edad. Aunque el anteproyecto de ley podría sufrir modificaciones en el futuro, a continuación te presentamos un resumen de los puntos clave que plantea.

* Pasa a definir los dieciséis años (en lugar de los catorce) como la edad mínima en la que un adolescente se puede registrar en cualquier red social. Esta edad es importante, porque poderse registrar implica dar el consentimiento para el tratamiento de los datos personales.
* Prohíbe el acceso de menores de edad a mecanismos aleatorios de recompensa en videojuegos y plataformas.
* En el ámbito sanitario, incorpora a los protocolos de evaluación pediátrica preguntas para detectar si se está haciendo un uso problemático del entorno digital y si hay riesgo de adicción.
* En el ámbito educativo, establece que deben desarrollarse estrategias de alfabetización digital en las escuelas para que criaturas, adolescentes y jóvenes tengan herramientas para hacer un uso equilibrado y seguro dc las nuevas tecnologías.
* Modifica el Código Penal e incluye:
  ✓ El delito de *deepfake*, es decir, la creación y difusión de vídeos o imágenes realistas generadas con inteligencia artificial que atenten contra el honor o la intimidad de una persona.

✓ El llamado *grooming*, que es el uso de una identidad falsa por parte de un adulto para engañar a menores de edad. Haber creado una identidad ficticia o haber mentido sobre el sexo o la edad será considerado una circunstancia agravante en distintos delitos contra la libertad sexual de menores.

★ Impone obligaciones a fabricantes de dispositivos digitales de conexión a internet: los obliga a incorporar de serie una herramienta de control parental de forma gratuita en los dispositivos inteligentes (móviles, tabletas, ordenadores, televisores con conexión a internet) y requiere que incluyan unas instrucciones en los productos sobre los posibles efectos perjudiciales del uso de los dispositivos.

★ Impone obligaciones para las influenciadoras, que serán consideradas prestadoras del servicio de comunicación audiovisual y deberán avisar de forma inequívoca de los contenidos que sean potencialmente perjudiciales. Tampoco podrán difundir contenido no recomendado a menores de dieciocho años entre las 6 h y las 22 h.

★ Modifica la Ley general de la comunicación audiovisual y amplía y refuerza las competencias de la Comisión Nacional de los Mercados y la Competencia (CNMC), con el objetivo de poder sancionar a las plataformas que no verifiquen la edad de las usuarias y poder anular su actividad (siempre con una orden judicial)..

Verificación de edad

Por lo que respecta a la verificación de edad, el sistema que se está investigando se basa en una aplicación gestionada por las administraciones públicas. La idea es que la app permita obtener una credencial verificable que corrobore que la persona es mayor de edad. Funcionará con una clave pública y una clave privada, y las plataformas de contenidos restringidos para adultos estarán obligadas a verificar ese atributo para poder ofrecer su servicio sin que se revelen datos personales.

Uno de los problemas que plantea este sistema, sin embargo, es que la descarga de la aplicación no será obligatoria, y que las plataformas de fuera del Estado español no estarán obligadas a pedirla para poder operar. En ese sentido, algunas voces críticas apuntan que los mecanismos de verificación de edad aplicados de forma generalista no son una solución que esté alineada con valores democráticos, ya que pueden infantilizar las jóvenes y adolescentes y, sobre todo, implicar un control sistemático de la población. Este tipo de medidas apuestan por la vigilancia en lugar de la educación digital, y plantean problemas y peligros respecto a la privacidad y la protección de datos.

Como vemos, se están elaborando propuestas para regular el acceso de menores a la pornografía. Veremos si se acaban aprobando, y deberemos analizarlas de forma crítica. ¿Qué efectos tendrán esas regulaciones? ¿Serán efectivas? ¿Se limitarán a las plataformas donde hay contenidos pornográficos, pero que no son directamente proveedoras de dichos materiales? ¿Qué impacto tendrán en el control de la población? ¿La regulación debe recaer en las consumidoras? ¿Cómo se puede regular la industria?

Las experiencias de otros países como Reino Unido nos demuestran que la regulación no es un terreno sencillo y, por lo tanto, será necesario analizar la implicación y el impacto de las distintas estrategias para irlas modificando.

VOZ EXPERTA. Problemas y oportunidades de la propuesta de regulación de la pornografía en el Estado español

Para tener una perspectiva crítica con la propuesta de regulación de la pornografía hemos querido hablar con Simona Levi. Ella es directora de teatro, dramaturga, estratega tecnopolítica, activista y docente. Es iniciadora de proyectos como Xnet Instituto para la digitalización democrática y los derechos digitales o 15MPARATO, que ha impulsado el caso Bankia, contra la dirección del quinto banco del Estado español durante la crisis del 2008. Es y ha sido divulgadora en medios y asesora de incontables organizaciones ciudadanas e instituciones sobre derechos digitales y sobre la renovación de la democracia en la era actual, la cultura libre, la libertad de expresión, la lucha contra la desinformación sistémica y el uso estratégico de las herramientas digitales para la organización, la comunicación, la acción democrática y la lucha contra los abusos de Estado.

¿Qué problemas plantea la propuesta de regulación de la pornografía centrada en la verificación de edad?

En general, el problema es que no debemos tratar internet como si fuera un parque infantil. Es decir, nos tenemos que imaginar que internet es como el espacio público. En el espacio público hay espacios dedicados a las criaturas, pero no pueden acceder a todos los sitios, y no todo el espacio público está planteado para ellas. Si lo extrapolamos a internet, si para proteger a la infancia nos tenemos que identificar cuando navegamos es como si para acceder a la calle tuviéramos que enseñar el carnet de identidad. Debemos pensar cómo dar herramientas a las niñas y niños que les permitan estar en un internet adecuado para ellas sin privar a las personas adultas de un internet completo. Por ejemplo: en las bibliotecas hay acceso a internet, pero con unas limitaciones; no se puede ver porno. Así, debemos trabajar para crear distribuciones de sistemas operativos con limitaciones solo para niños y niñas y dárselas, no al revés. No tenemos que plantear todo el espacio como un parque infantil.

Por otro lado, la identificación que se propone por parte del Ministerio debería ser «autosoberana» si de verdad no quiere afectar a los derechos fundamentales. «Autosoberana» significa que la información debería ser controlada por la persona usuaria cuyo wallet indica que es mayor de edad, sin necesidad de que se conozca nada más de ella, ni género, ni edad, ni origen...

EJERCICIO

Después de esta explicación, queremos plantearte algunas preguntas para que puedas formar tu opinión. Son interrogantes difíciles y lo más probable es que no tengas clara la respuesta. Aun así, te proponemos que te rompas un poco la cabeza, que reflexiones, que te plantees muy a fondo estos debates y veas en qué aspectos tienes dudas y en qué ámbitos tienes una visión muy clara.

* ¿Crees que se debe legislar y/o regular la pornografía?
* ¿Crees que se debería prohibir el porno para toda la población?
* ¿Crees que se debería regular el acceso de las adolescentes al porno?
* ¿Crees que tiene sentido que la frontera para la regulación sea la mayoría de edad?
* ¿Crees que el control parental y la verificación de edad son herramientas útiles o que pueden favorecer la vigilancia de la población?
* ¿Qué propuestas te parecen más adecuadas? ¿Crees que son viables?
* ¿Tienes alguna nueva propuesta?
* ¿Qué políticas públicas podrían hacerse para abordar este tema?
* ¿Qué podemos pedir a la industria del entretenimiento? ¿Cuáles son los límites de esas demandas?
* ¿Qué capacidad de transformación tienen los debates sociales y las luchas en ese sentido?

Ahora que ya tienes una visión más clara sobre que es la pornografía, cómo ha evolucionado la industria con el proceso de digitalización y algunas estrategias de regulación que se han planteado, te invitamos a continuar leyendo para entender mejor qué pasa cuando este fenómeno entra en juego en la adolescencia.

PARTE 2.
¿GENERACIÓN PORNO?

5. ADOLESCENTES Y PORNOGRAFÍA. ¿QUÉ ESTÁ PASANDO?

En los últimos años, y especialmente desde 2020, la polémica sobre el consumo de pornografía por parte de menores ha crecido en el Estado español. Este crecimiento en la preocupación se debe, en parte, al aumento del uso de dispositivos digitales que se dio durante la pandemia de la covid-19, que comportó un aumento en el consumo de materiales pornográficos por parte de toda la población (Sanjuán, Cristina, 2020), y a la publicación de informes que alertaban de los primeros consumos en edades tempranas, como el informe de Save the Children *(Des)información sexual: Pornografía y adolescencia*. Asimismo, como hemos visto, algunos países como el Reino Unido y Francia empezaron a implementar o a discutir legislaciones sobre la verificación de edad para acceder a la pornografía en línea. Además, la mayor sensibilización ante las violencias sexuales ha hecho que casos recientes de violaciones grupales, como el caso de La Manada en 2016, u otros casos como el de Manresa, Badalona o Burjassot, tuvieran más cobertura mediática. Y eso ha ido acompañado a veces de un relato simplista que ha puesto el foco en el consumo de porno en menores.

La transición rápida hacia una sociedad dominada por las tecnologías digitales nos ha pillado desprevenidas en muchos aspectos. En un contexto capitalista y neoliberal, las críticas o la resistencia a ciertos avances tecnológicos a manos de grandes empresas, así como la necesidad de regularlo y establecer límites, han sido a menudo señaladas como un freno al progreso, menospreciando sus posibles impactos negativos sobre las personas y las relaciones sociales. Ahora, más de diez años después, se generaliza la preocupación por las consecuencias que tiene esa digitalización, especialmente en la infancia y la adolescencia, y crece la necesidad de reaccionar. Cada vez son más numerosas las voces que defienden limitar el protagonismo de la tecnología digital, sobre todo en el ámbito educativo y en el entorno familiar.

A pesar de la importancia de actuar atendiendo a esta «nueva» realidad social, que nos plantea un conjunto de retos educativos, es importante hacerlo a partir de análisis pausados y evitar propuestas que partan de la urgencia. Esto contrasta con el tratamiento que se ha hecho del consumo de pornografía en menores, que se ha abordado a menudo de forma alarmista y simplista. La sexualidad de adolescentes y jóvenes ha quedado impregnada de una visión negativa y centrada exclusivamente en el consumo de pornografía y las violencias. Y la importancia de la educación sexual no ha tenido el protagonismo necesario en las propuestas.

Además, el debate social y mediático sobre los contenidos de la pornografía dominante se ha focalizado casi exclusivamente en sus efectos sobre criaturas, adolescentes y jóvenes, dejando de lado el impacto que puede tener también en la población adulta.

Como hemos visto anteriormente, los feminismos se han encargado de mantener vivo un debate que va más allá del porno y señala la sociedad patriarcal y su modelo de sexualidad como el origen estructural de las desigualdades y las violencias.

¿Qué dice la prensa al respecto?

Si revisamos la prensa de los dos últimos años es imposible no caer en un estado de pánico y alarma social, ya que la gran mayoría describen un presente catastrófico, marcado por la violencia y las adicciones entre adolescentes. Muchos medios han publicado titulares y artículos sensacionalistas utilizando datos de algunos estudios de forma poco cuidada, descontextualizada o, incluso, errónea.

«Parejas jóvenes con una vida sexual rota por el porno». El País (31/03/2024)

«Duro, violento y humillante: este es el sexo ficticio del porno que los adolescentes quieren copiar en la vida real». El Español (10/11/2024)

«El 70 % de los jóvenes ve porno a diario o semanalmente y el 28 % admite que provoca sexo violento». «Aumentan los adolescentes con adicción al sexo a edades cada vez más tempranas: "Follaba con tres al día". El Periódico (30/11/2023)

«Un 90 % de los adolescentes consume pornografía y la edad de inicio se produce a partir de los 8 años». Regió 7 (07/10/2024)

«La influencia del porno en la sexualidad de los jóvenes: el problema». Ara (29/04/2023)

«El impacto del porno entre los jóvenes: tienen el primer contacto a los ocho años y pueden consumir 5000 horas antes de los 20. La Fiscalía General del Estado advierte de que las agresiones sexuales han aumentado más de un 31% en los últimos años». À punt (20/11/2023)

«En consulta he visto a niñas de 10 años que consumen porno compulsivamente». Rac1 (02/03/2023)[18]

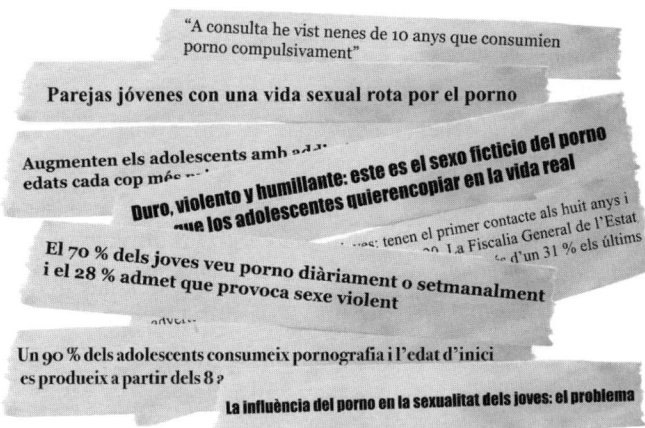

"A consulta he vist nenes de 10 anys que consumien porno compulsivament"

Parejas jóvenes con una vida sexual rota por el porno

Augmenten els adolescents amb [...] edats cada cop més [...]

Duro, violento y humillante: este es el sexo ficticio del porno que los adolescentes quieren copiar en la vida real

[...]: tenen el primer contacte als huit anys i [...]. La Fiscalia General de l'Estat [...] d'un 31 % els últims

El 70 % dels joves veu porno diàriament o setmanalment i el 28 % admet que provoca sexe violent

Un 90 % dels adolescents consumeix pornografia i l'edat d'inici es produeix a partir dels 8 ?

La influència del porno en la sexualitat dels joves: el problema

Más allá de los titulares: ¿qué dicen los estudios?

En el Estado español podemos destacar tres estudios recientes acerca de esta cuestión: *Juventud y pornografía en la era digital. Consumo, percepción y efectos* (2023), del Centro Reina Sofía; *(Des)información sexual: Pornografía y adolescencia* (2020), de Save the Children; y *Nueva pornografía y cambios en las relaciones interpersonales* (2019), de Lluís Ballester y Carmen Orte. En ese último encontramos datos específicos de Catalunya. Aun así, tomaremos de referencia, sobre todo, los datos del estudio más reciente, aunque no sean específicas para el territorio catalán.

---

18. Los cinco últimos titulares han sido traducidos del catalán (N. de la T.).

Tener en cuenta esos datos puede servirnos para profundizar y comprender mejor el fenómeno, sin necesariamente generar alarma, y para orientar y mejorar las intervenciones educativas, adaptándolas a la realidad actual. De hecho, te proponemos una lectura diferente a la que se ha hecho hasta ahora en los medios, con el objetivo de asumir la responsabilidad adulta en esta cuestión y dejar de culpabilizar a las adolescentes y las jóvenes de un escenario que no han decidido. Por último, estos datos legitiman la necesidad de avanzar en la implementación de una educación sexual transversal en todas las etapas educativas.

Debemos tener presente que cualquier encuesta sobre un tema tabú como la sexualidad, especialmente el consumo de pornografía, puede tener sesgos, como el de género. Las chicas a menudo arrastran un estigma mayor en aspectos como la masturbación, el consumo de pornografía o la excitación con contenidos violentos. Por ello, es importante interpretar los datos con prudencia.

Como ya hemos explicado anteriormente, ha habido un cambio de paradigma en los últimos años que ha transformado la producción y consumo de pornografía. Las adolescentes y jóvenes de hoy en día han crecido en ese nuevo entorno digital y, de hecho, no han conocido ninguna otra forma de estar en el mundo. Aunque puede parecer una evidencia, el motivo por el que muchas jóvenes consumen pornografía, como no lo hacíamos nosotros o nuestros abuelos y abuelas, es porque existe, es fácil acceder a ella y está al alcance de cualquier persona que tenga internet.

> **Así, la aparición de la Nueva Pornografía en Línea ha comportado en los últimos años un incremento del consumo de porno en todos los perfiles de la población, lo que incluye también a adolescentes y jóvenes.[19]**

El 62,5 % de jóvenes entre dieciséis y veintinueve años residentes en el Estado español consume pornografía en mayor o menor medida. Aun así, el 34,9 % no accede nunca a ese tipo de contenido, es decir, uno de cada tres jóvenes no mira

---

19. Nos referimos a la adolescencia como un periodo que empieza aproximadamente a los doce años y acaba a los diecinueve, y a la juventud como ese momento que llega hasta los veintiséis.

nunca porno (Gómez, Alejandro *et al.*, 2023). En 2019, un 74,3% de las jóvenes entre dieciséis y veintinueve años de Catalunya reconocían haber visto pornografía en los últimos cinco años (Ballester, Lluís y Carmen, Orte, 2019).

> **¿Dónde y cómo acceden al porno?**
> **La mayoría de jóvenes miran porno desde casa y el principal medio que utilizan para acceder a él es el móvil. Es decir, tener ese dispositivo y acceso a internet facilita la posibilidad de consumirlo. Como consecuencia, el nivel socioeconómico afecta la posibilidad y frecuencia de consumo de pornografía (Sanjuán, 2020).**

Según el Instituto Nacional de Estadística, el 95,8% de menores entre diez y quince años utiliza el ordenador, el 96% navega por internet y el 69,6% utiliza el teléfono móvil. El 62% de las criaturas y adolescentes entre cinco y quince años tiene su propio *smartphone*, y un 58% utiliza la tableta con regularidad (Gómez *et al.*, 2023). Nueve de cada diez jóvenes entre quince y diecinueve años tienen *smartphone* y dedican una media de 6,95 horas al día al ocio digital (Calderón, Daniel; Gómez, Alejandro, 2022).

> **La exposición temprana a las pantallas ha reducido la edad de los primeros consumos de porno.**

Los estudios hablan de la dificultad para establecer una media de edad del primer acceso al porno, ya que los datos se basan en recuerdos de infancia que no ofrecen exactitud. Aun así, con la información recogida, la media se situaría aproximadamente en torno a los trece años, y los chicos accederían antes que las chicas. Antes de los ocho años, accedería a él el 6,5%, y entre los nueve y los once años, el 17% (Gómez *et al.*, 2023). En Catalunya, en 2019 la media se situaba en los 14,72 años (Ballester y Orte, 2019). Cabe decir que una primera exposición no tiene por qué comportar un consumo recurrente en esas edades.

> **De hecho, si analizamos edades de consumo, observamos que entre los dieciséis y los veintinueve años el consumo de pornografía aumenta progresivamente con la edad.**

De los dieciséis a los diecinueve años, un 55,8 % de jóvenes consume pornografía, de los veinte a los veinticuatro un 59,3 %, y de los veinticinco a los veintinueve un 71,6 %. En esa última franja de edad, ocho de cada diez chicos consumen porno, y un 62 % de las chicas (Gómez *et al.*, 2023).

> **Pero la responsabilidad no recae únicamente en las consumidoras. Las plataformas pornográficas no son neutrales; su objetivo es maximizar los beneficios económicos y, para hacerlo, crean estrategias para difundir sus contenidos y captar y mantener la atención de las usuarias (Angelats y Pardo 2024).**

El 78,6 % de las jóvenes entre dieciséis y veintinueve años dice que fue fácil acceder al porno por primera vez. Y los primeros consumos se dan mayoritariamente por una búsqueda activa, aunque el 23,9 % lo conoció a través de internet de forma accidental, por ejemplo, a través de ventanas emergentes pornográficas (Gómez *et al.* 2023).

> **El contacto con la pornografía forma parte del proceso de la socialización juvenil, sobre todo masculina, lo cual implica que una parte importante de los adolescentes descubre la pornografía a través del grupo de iguales.**

El 44,5 % de jóvenes la descubrió por el grupo de iguales y por primos o hermanos, sobre todo a partir de amigos chicos (Gómez *et al.*, 2023). Ese contacto se da a través del intercambio de memes, gifs, fotografías, enlaces o vídeos, o a través de mensajería instantánea, a menudo en grupos formados solo por chicos (Sanjuán, 2020).

> **Así, también existe una diferencia de género y orientación sexual por lo que respecta al consumo. El porno hegemónico está pensado principalmente para satisfacer el deseo masculino y heterosexual. Por lo tanto, los hombres y chicos consumen más cantidad de pornografía y con más frecuencia que las mujeres y chicas, y se sienten más satisfechos con los contenidos. Por ese mismo motivo, el público hetero-**

sexual está más satisfecho que las jóvenes lesbianas, gais y bisexuales (Ballester y Orte, 2019). Asimismo, la búsqueda de contenidos varía según el género.

Un 86,9 % de los hombres reconoce consumir pornografía, y un 54,8 % de las mujeres (Ballester y Orte, 2019). En el caso de la juventud, se habla de un 72,1 % de chicos y un 52,6 % de chicas. Por lo que respecta a la frecuencia, un 12,6 % lo consume a diario (la mayoría menos de una hora a la semana), un 18,8 % por lo menos una vez a la semana, un 14,9 % por lo menos una vez al mes y un 16,3 % con menor frecuencia. El 34,9 % de jóvenes no lo consume nunca (Gómez *et al.*, 2023).

TE SATISFACE LA PORNOGRAFÍA?

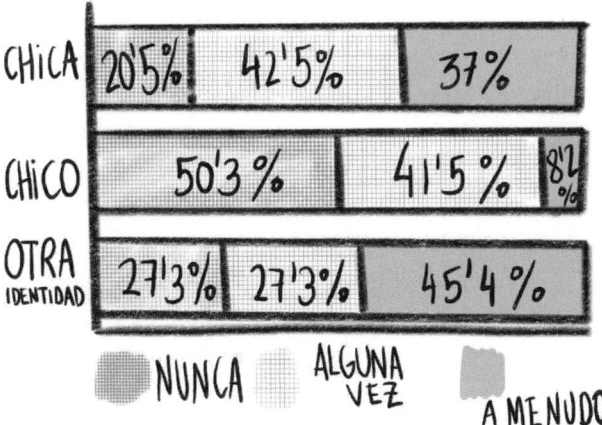

Gráfico hecho a partir del informe *Juventud y pornografía en la era digital: consumo, percepción y efectos*. Gómez, Alejandro; Kuric, Stribor y Sanmartín, Anna. (2023). Madrid: Centro Reina Sofía de Fad Juventud,

Respecto a la orientación sexual, los adolescentes gais han visto más pornografía que las adolescentes lesbianas, pero de forma similar a los adolescentes heterosexuales. En cambio, las adolescentes lesbianas han visto contenidos pornográficos en mayor medida que las heterosexuales (Sanjuán, 2020).

> **Las motivaciones que conducen a las jóvenes a consumir porno son, principalmente, disfrutar, relajarse y satisfacer la curiosidad, más que aprender a tener relaciones sexuales.**

El principal factor es la masturbación, con un 46,4 %, seguido de la excitación, con un 37,7 % y la diversión y entretenimiento, con un 19,5 %. Un 21,1 % lo haría también por evasión y reducción del estrés, un 17,2 % por curiosidad, un 16 % para descubrir qué le gusta y un 11,8 % como fuente de aprendizaje (Gómez *et al.*, 2023). Por lo que respecta a la masturbación, seis de cada diez chicos afirman consumir porno mientras se masturban (siempre o con cierta frecuencia) y, en cambio, solo lo harían tres de cada diez chicas. Un 5,4 % de chicos y un 7,4 % de chicas afirman que no se masturban (Gómez et al., 2023).

> **Aunque el porno no se consuma con una finalidad educativa, es evidente que influye en el imaginario sexual de quien lo consume, ya que consolida el modelo sexual hegemónico.**

Se detecta una diferencia entre las jóvenes que consumen pornografía y las que no, por lo que respecta a tener una visión más estereotipada de la sexualidad en el marco de un modelo patriarcal. Asimismo, un 56 % de las jóvenes afirman que el porno les ayuda a comprender y conocer mejor el sexo. Si se analiza por orientación sexual, las adolescentes lesbianas, gais y bisexuales son quienes consideran menos realistas las prácticas sexuales del porno, probablemente porque perciben las representaciones como más ajenas, ya que, como decíamos, el porno hegemónico está pensado para satisfacer los deseos de los hombres heterosexuales (Sanjuán, 2020).

> **Las jóvenes tienen criterio a la hora de elegir qué contenidos consumir para excitarse.** Aunque las plataformas de pornografía gratuitas ofrecen vídeos con contenidos violentos, la mayoría de las jóvenes que consumen pornografía son plenamente conscientes de ello y eligen contenidos donde no aparezca violencia o no se representen violaciones o sexo forzado.

Los principales factores que influyen a adolescentes y jóvenes para elegir los contenidos son, de mayor a menor importancia: que haya sexo respetuoso y responsable, que haya prácticas sexuales concretas (felaciones, anal...), que los actores y actrices sean jóvenes, que haya sexo en grupo, que se representen ambientes románticos, que se representen relaciones lésbicas, que sea *amateur*, la inexistencia de violencia en el contenido, entre otros (Gómez et al., 2023).

TEMAS O FACTORES QUE MÁS INFLUYEN EN LA ELECCIÓN DE CONTENIDOS PORNOGRÁFICOS. POBLACIÓN DE 16 A 29 AÑOS QUE CONSUME PORNOGRAFÍA. ESPAÑA, 2023 (%)

- Que haya sexo respectuoso y responsable — 29
- Que haya prácticas sexuales concretas (felaciones, anal...) — 25'3
- Que los/las actores/actrices sean de edad joven — 20'3
- Que haya sexo en grupo (tríos, orgías...) — 18'9
- Que las relaciones se presenten en un ambiente romántico — 17'4
- Que se representen relaciones sexuales entre mujeres —
- Que sean amateur — 16'8
- La inexistencia de violencia en el contenido — 14'9
- Que los/las actores/actrices sean de edat adulta — 13'8
- La inclusión de elementos de fantasía o fetiches específicos — 12'5
- Que sea porno en directo (chats en vivo, webcam, OnlyFans...) — 9'9
- Que los/las actores/actrices sean de una etnia determinada — 7'1
- Que sea ético o feminista — 6'9
- Que se representen relaciones sexuales entre hombres — 6'6
- La existencia de violencia en el contenido — 5'9
- Que se representen violaciones o sexo forzoso — 4'3
- Que los/las actores/actrices sean transexuales — 2'5
- Otros — 7'2
- Ns/Nc (No sabe/No contesta) — 6'8

Gráfico hecho a partir del informe *Juventud y pornografía en la era digital: consumo, percepción y efectos*. Gómez, Alejandro; Kuric, Stribor y Sanmartín, Anna. (2023). Madrid: Centro Reina Sofía de Fad Juventud.

> En general, un porcentaje elevado de adolescentes es capaz de reconocer la ficción, la desigualdad, la violencia y las prácticas de riesgo en la pornografía (Sanjuán, 2020).

Los chicos heterosexuales son los que perciben en menor medida la violencia en los contenidos. Las chicas heterosexuales, personas no binarias, lesbianas, gais y bisexuales, y las personas que no consumen pornografía, perciben en mayor medida la violencia, la desigualdad de género y las relaciones de poder en la pornografía (Sanjuán, 2020).

> De todas formas, es problemático que las plataformas de porno hegemónico ofrezcan contenidos que muestren violencia física y/o verbal y que representen violaciones, porque contribuyen a erotizar ese tipo de conductas.

Aunque un 55,8 % de jóvenes afirma no haber consumido nunca ese tipo de contenidos, un 16,6 % reconoce consumir contenidos que muestran una alta violencia física, verbal o humillaciones con mucha (5,3 %) o cierta frecuencia (11,3 %) (Gómez *et al.*, 2023). De todas formas, no existen datos, y es imposible establecer una correlación directa entre el consumo de esos contenidos y las violencias sexuales, sobre todo porque no se puede limitar todo a una sola causa. Como hemos ido viendo, en la socialización sexual intervienen distintos agentes, no solo la pornografía. Eso no significa que no debamos hacer una crítica a los contenidos discriminatorios que aparecen en ella, pero debemos ampliarla a todas las expresiones culturales y estructuras que consolidan un modelo de sexualidad patriarcal.

¿Qué opinan las jóvenes?

Los estudios nos muestran diversidad de opiniones. Hay jóvenes que están de acuerdo con el hecho de que el porno hegemónico fomenta conductas de riesgo, presión por tener relaciones sexuales o por hacer prácticas concretas, y otras están en desacuerdo. Las chicas destacan por ser más críticas con los contenidos pornográficos. El siguiente gráfico muestra cómo la mayoría de las jóvenes problematiza la pornografía actual. Eso contrasta con el discurso difundido por los medios que fomenta la estigmatización de adolescentes y jóvenes.

Para acabar, más de la mitad de jóvenes reconoce no haber recibido una educación sexual de calidad ni en casa ni en la escuela, y reclaman más. Como se ve en el gráfico anterior, seis de cada diez jóvenes creen que la educación sexual es fundamental para evitar los efectos negativos derivados del consumo pornográfico (Gómez *et al.*, 2023).

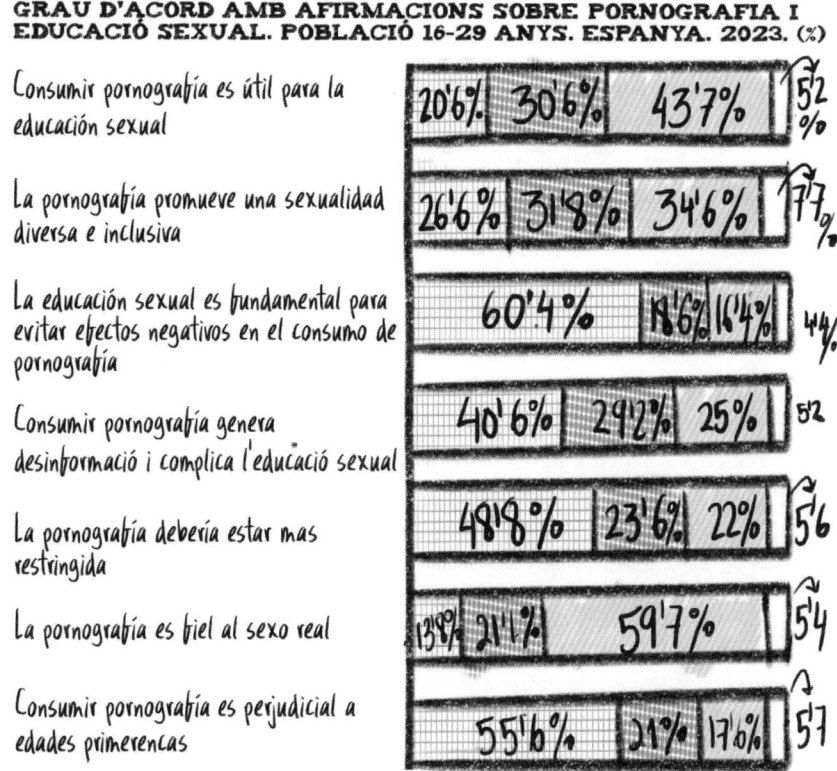

GRAU D'ACORD AMB AFIRMACIONS SOBRE PORNOGRAFIA I EDUCACIÓ SEXUAL. POBLACIÓ 16-29 ANYS. ESPANYA. 2023. (%)

Gráfico hecho a partir del informe *Juventud y pornografía en la era digital: consumo, percepción y efectos.* Gómez, Alejandro; Kuric, Stribor y Sanmartín, Anna. (2023). Madrid: Centro Reina Sofía de Fad Juventud.

VOZ EXPERTA.
Pornografía y violencia sexual

Uno de los temas que ha generado más revuelo es la cuestión de la relación entre el consumo de pornografía y las violencias sexuales. Por ese motivo, hemos querido hablar con una experta en este ámbito, Sònia Ricondo. Ella es jurista y abogada especializada en la defensa de los intereses jurídicos de las mujeres, las criaturas y las adolescentes que han sufrido violencia sexual.

¿Qué es la violencia sexual?

La violencia sexual comprende cualquier acto que atente contra la libertad sexual y la dignidad personal de mujeres, criaturas, adolescentes y otras identidades fuera de la masculinidad hegemónica. Se crean unas condiciones o se aprovecha el contexto para, directa o indirectamente, imponer una práctica sexual sin tener su consentimiento ni su voluntad, con independencia del vínculo que haya entre la agredida y el agresor o agresores. Incluye el acceso corporal, la mutilación genital o el riesgo de sufrirla, los matrimonios forzados, el tráfico de mujeres con finalidad de explotación sexual, el acoso sexual y por razón de sexo, la amenaza sexual, la exhibición, la observación e imposición de cualquier práctica sexual, entre otras conductas (Ley 17/2020, 2020).

¿Podemos afirmar que hay un aumento de la violencia sexual en la adolescencia debido al consumo de pornografía?

Según el informe de los delitos contra la libertad sexual del Ministerio de Interior, en el año 2023 se interpusieron 21.580 denuncias por violencia sexual en el Estado español. Casi la mitad, un 45 %, tenían como víctima a una persona menor de dieciocho años. De esas, además, el 82 % eran niñas o chicas adolescentes. Por lo tanto, podemos afirmar que en los últimos años estamos viendo una tendencia al alza que confirma que se interponen más denuncias por violencias sexuales entre personas jóvenes.

¿Aumentan las conductas de violencia sexual contra las jóvenes, o aumentan las cifras de denuncias? El matiz es importante y genera muchas diferencias en el análisis de la problemática. Podemos detallar porcentajes, pero aún no hay un análisis que extraiga la causa del crecimiento de los datos. El principal motivo es porque no hay una sola causa que pueda explicar el fenómeno.

Detrás de esta estadística debemos hacernos la pregunta del inicio. ¿Ha aumentado la violencia sexual contra las jóvenes, o están denunciándola más? Podría ser un peligro quedarnos con el análisis simplista que demoniza la juventud y que se escandaliza redactando titulares del tipo «los jóvenes agreden más», «los jóvenes son más machistas» o «internet o el porno facilita la violencia sexual». De hecho, uno de los motivos del aumento es que estamos ante generaciones jóvenes con una mayor sensibilización de las violencias sexuales, lo cual favorece su visibilización. Movimientos feministas de base, iniciativas posteriores como el «Me too» o el «Hermana, yo sí te creo» en 2019, o la recientemente aprobada Ley de garantía de la libertad sexual (conocida como la «Ley del sí es sí») han ayudado en la identificación de lo que son las violencias sexuales y en la confianza para denunciarlas, ya sea pública o judicialmente.

No disponemos de estudios esclarecedores que rematen las estadísticas. La conclusión debe ser, por lo tanto, que estamos ante un fenómeno delictivo complejo, con causas multifactoriales y muy diversas, y que apuntar a una única causa —como en este caso, erróneamente, el porno— desvía nuestra atención de erradicar las violencias y desresponsabiliza a los agresores que las cometen.

6. ESLÓGANES, DISCURSOS Y POSICIONAMENTOS POLÍTICOS

El debate educativo acerca de cómo abordar el consumo de pornografía de adolescentes y jóvenes pone encima de la mesa varios posicionamientos ideológicos alrededor de la sexualidad y el porno. Cada uno de ellos, necesariamente, conduce a propuestas de acción distintas. Aun así, a pesar de la divergencia de estrategias y opiniones, encontramos un punto de partida común entre todas ellas: el «nuevo» escenario tecnológico ha modificado sustancialmente el acercamiento a la sexualidad de criaturas, adolescentes y jóvenes, especialmente a causa de la facilidad de acceso a la pornografía. Así, en el contexto actual, difícilmente encontraremos a alguien que minimice el papel socializador del porno o que no plantee ningún tipo de actuación al respecto.

A continuación, intentaremos distinguir los principales eslóganes, discursos y propuestas que están en tensión y se están debatiendo actualmente, así como algunos de los riesgos o limitaciones asociados a ellos. Como verás, hay ideas y propuestas que están estrechamente relacionadas, aunque partan de posicionamientos ideológicos completamente distintos:

I	«La pornografía es inmoral»
¿Qué dicen?	Las cuestiones relacionadas con la sexualidad y, por extensión, la pornografía, son consideradas por varias religiones o sus correspondientes doctrinas —como el cristianismo (catolicismo, protestantismo evangélico), el islam o el judaísmo— desde una perspectiva moral que limita o condena su uso. Desde estas perspectivas, a menudo se critica la pornografía por ser peligrosa, adictiva, corromper el alma y fomentar deseos considerados impuros o pecaminosos, como la masturbación. Estas tradiciones religiosas suelen entender la sexualidad como una experiencia íntima, orientada a valores espirituales, y generalmente enmarcada dentro del matrimonio heterosexual con una finalidad principalmente reproductiva. Aun así, estas interpretaciones pueden variar significativamente entre diferentes corrientes y escuelas dentro de cada religión.

Propuestas 	Evitar el consumo de pornografía. La responsabilidad recae en el individuo, en su capacidad de controlar cualquier impulso que desemboque en una práctica inmoral. Prohibir la pornografía.
Riesgos y límites 	* Refuerza la creencia de que hay un sexo bueno (heterosexual, matrimonial, coitocéntrico, reproductivo) y un sexo malo. * Altos niveles de prohibición y represión sexual generan el efecto contrario, es decir, incrementan el deseo de acceder a lo prohibido, lo cual desemboca en fuertes sentimientos de culpa. Es posible que adolescentes de nuestro entorno sigan estas creencias religiosas con convencimiento, o bien que vivan con tensión lo aprendido en casa en comparación con lo vivido en su grupo de iguales y otros entornos educativos. Como educadoras, será importante respetar las distintas creencias y, a la vez, acompañar las posibles contradicciones o la culpabilidad que pueda aparecer.

89

2	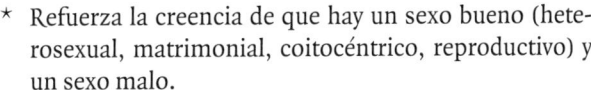 **«El sexo no puede ser un trabajo, es un aspecto íntimo que debería quedar reservado al ámbito privado de las relaciones»**
¿Qué dicen? 	Esta mirada comparte una pequeña parte con la anterior, pero no tiene por qué ir relacionada con una creencia religiosa. Considera la sexualidad como una experiencia personal e íntima, que no debería estar interferida por intereses económicos ni ser una fuente de entretenimiento. Asegura que la pornografía deshumaniza, cosifica, desvirtúa las relaciones y la conexión emocional y trivializa la sexualidad. Defiende que, si no hubiera una necesidad económica detrás, nadie querría exponerse a este tipo de trabajo.

Propuestas 	Prohibir la pornografía.
Riesgos y límites 	★ Presupone que todo el mundo vive y experimenta la sexualidad de la misma forma: ligada a la intimidad y a los vínculos emocionales. ★ Puede comportar emitir juicios morales y tener actitudes de incomprensión y paternalismo hacia las personas que no la viven así. ★ Aunque introduce la dimensión económica en la crítica, es posible que si no hubiera intercambio monetario tampoco considerara correcto sacar la sexualidad de la esfera privada y hacer con ella, por ejemplo, espectáculo y entretenimiento. ★ En el ámbito educativo, esta mirada puede dificultar hablar con adolescentes de sexualidad y pornografía y que reconozcan abiertamente que consumen porno.

3	**«Debemos proteger a los menores de la pornografía y de otros peligros digitales, sin controlar a los adultos»**
¿Qué dicen? 	La premisa central de esta mirada es la importancia de proteger a los menores de algunos efectos negativos del uso de la tecnología. Este argumento afirma que el acceso a contenidos explícitos o violentos puede afectar negativamente al desarrollo emocional y psicológico de criaturas y adolescentes, alterando su percepción de las relaciones humanas, la violencia y la sexualidad. Aun así, defienden que esta protección no debe suponer una limitación de la libertad individual de los adultos a la hora de consumir determinados contenidos.

Propuestas 	Han surgido varias propuestas basadas principalmente en la supervisión parental y en el uso de controles tecnológicos. Estas propuestas incluyen establecer mecanismos de verificación de edad y códigos éticos por parte de las empresas para regular el acceso de las menores, ofrecer herramientas para que las familias puedan dar un consentimiento explícito para el acceso de sus hijos e hijas a las redes sociales, e iniciar acciones orientadas a combatir las adicciones tecnológicas, que incluyan la educación digital.
Riesgos y límites 	⋆ El análisis y las propuestas de actuación a menudo no diferencian entre criaturas y adolescentes, agrupándolos bajo una categoría general de «menores». Eso puede llevar a un exceso de control parental y a la falsa creencia de que las adolescentes no accederán a la pornografía por el hecho de estar protegidas digitalmente. ⋆ Centrar el debate solamente en el ámbito tecnológico puede dejar de lado la necesidad de una educación sexual que ayude a interpretar críticamente la pornografía. ⋆ No se cuestiona el modelo de sexualidad patriarcal ni el resto de las representaciones culturales. ⋆ Se asume que la pornografía hegemónica afecta únicamente a las menores. ⋆ No aborda el reto de consensuar qué contenidos pueden considerarse realmente perjudiciales e inadecuados para las menores. ⋆ Esta mirada en el ámbito educativo puede dificultar hablar con adolescentes de pornografía, y que reconozcan abiertamente que la consumen, saltándose todos los controles.

91

4	**«La pornografía es violencia sexual» «La pornografía es la teoría y la prostitución la práctica»**
¿Qué dicen? 	Este planteamiento puede compartir ideas con el 1 y el 2, o también puede ser fruto de un posicionamiento ideológico antipornografía, y es defendido tanto por posiciones de derechas como de izquierdas. Como ya hemos comentado anteriormente, desde el planteamiento feminista antipornografía se entiende que, en un contexto patriarcal, es imposible representar la sexualidad fuera de ese marco y no situar a las mujeres como objetos sexuales a disposición de los hombres. Considera que la pornografía es violencia sexual grabada y fomenta la violencia sexual porque los hombres aprenden a ser violentos. Afirma que el consumo de pornografía es la causa de mucha violencia que viven las niñas y las chicas y que, a su vez, provoca problemas de salud mental, como adicción, depresión y distorsiones en la percepción de las relaciones sexuales. Establece una estrecha relación entre el consumo de pornografía y el consumo o ejercicio de la prostitución.
Propuestas 	Las propuestas de consenso en el marco de esta mirada son: considerar el consumo de pornografía en menores como un problema de salud pública y prohibir el acceso a la misma mediante medidas de control parental y sanciones a las plataformas que no cumplan con la verificación de edad. Al mismo tiempo, hay quien defiende la importancia de integrar una educación sexual en los centros educativos que aborde de manera crítica el porno, señalando sus efectos negativos en el desarrollo sexual de las menores. Por el contrario, algunos sectores argumentan que la educación sexual promueve la perversión y pérdida de inocencia de las criaturas. Aunque plantea propuestas para regular la pornografía, el deseo de este planteamiento sería eliminarla.

Riesgos y límites

* La pornografía es una ficción. Por lo tanto, aunque se puedan representar escenas violentas, no son agresiones sexuales si ha habido consentimiento y acuerdo a la hora de grabarlas. No se puede confundir grabar una agresión sexual con representarla, porque en una hay acuerdo y en la otra no.
* Obvia la existencia de otros tipos de pornografía que no se enmarcan en una lógica machista.
* Niega la posibilidad de apropiarse del lenguaje pornográfico desde una perspectiva feminista.
* Reduce la socialización sexual al porno.
* Establece una relación causal entre el consumo de pornografía y las agresiones sexuales, y simplifica así el fenómeno multifactorial de la violencia sexual. A la vez, contribuye a la creencia de que la desaparición del porno comportaría la desaparición de la violencia sexual.
* Sitúa a las mujeres siempre como víctimas, y niega la posibilidad de que puedan ser consumidoras de pornografía, excitarse con determinados contenidos o desear un tipo de sexo más «duro».
* Uniformiza el deseo de las mujeres.
* Corre el riesgo de culpabilizar a las mujeres y de moralizar y estigmatizar prácticas sexuales consideradas «malas, duras o violentas», aunque sean deseadas, placenteras y consensuadas.
* Agrupa a criaturas y adolescentes en una categoría general de «menores», lo cual puede derivar en un exceso de control parental y fomentar la falsa creencia de que las adolescentes no accederán a la pornografía simplemente porque están protegidas digitalmente.
* Estigmatiza el consumo de pornografía.
* En el ámbito educativo, puede alimentar el tabú y dificultar que las adolescentes reconozcan abiertamente su consumo.
* Afirmar de manera contundente y categórica que consumir porno es consumir violencia sexual y que te conduce a cometer agresiones también puede dificultar el diálogo, provocar sentimientos de culpa y simplificar una realidad que, como ya hemos ido viendo, es mucho más compleja.

93

5	**«El porno está destruyendo una generación de adolescentes»**
¿Qué dicen? 	Este planteamiento señala que la industria pornográfica está marcando negativamente la vida sexual de toda una generación, ya que la expone a un placer inmediato, destruye la creatividad y desconecta a las personas entre sí, hecho que puede provocar bloqueos y dificultades en las relaciones sexuales. Afirma que la pornografía está introduciendo y normalizando «nuevas» prácticas sexuales que son peligrosas, y que las adolescentes las trasladan a la vida real. Así, entiende que el porno se ha convertido actualmente en la principal fuente de la mala educación sexual de toda una generación.
Propuestas 	Esta mirada busca, sobre todo, hacer eco social y mediático de la problemática del consumo de porno en menores, para activar algún tipo de actuación al respecto. Las acciones pueden ser diversas y contradictorias, ya que pueden recoger la diversidad de sensibilidades que hemos mencionado en los planteamientos anteriores. Así, bajo este paradigma encontramos propuestas de mejora de la educación sexual, regulación del acceso, mecanismos de control parental, prohibición, etc.
Riesgos y límites 	* Usa el alarmismo, a menudo utilizando datos descontextualizados o distorsionados que funcionan bien como titulares de prensa, pero que generan un pánico social que fácilmente puede conducir a soluciones erróneas basadas en el miedo. * Parte de un análisis simplista de la situación, no estructural, ya que señala el porno como el origen de todos los males y la causa de la perversión de una supuesta sexualidad anterior saludable y no machista. * No se cuestiona el modelo de sexualidad patriarcal ni el resto de las representaciones culturales. * Contribuye a la idea de un sexo bueno y un sexo malo, y estigmatiza las prácticas menos normativas. * Bajo la premisa de que las adolescentes de hoy en día son peores que las generaciones anteriores, contribuye a homogeneizar y estigmatizar la adolescencia.

* Se olvida de la responsabilidad adulta (familiar, institucional, educativa) en el hecho de que el porno se haya convertido en una de las principales fuentes de educación sexual para las adolescentes.

6	**«No se debe incidir en la pornografía. La censura coarta la libertad individual y de expresión»**
¿Qué dicen? 	Este posicionamiento no proviene del ámbito educativo, sino que es más común que tenga su origen en voces dentro de la industria pornográfica o que aparezca en el debate ideológico sobre los derechos digitales y el concepto de libertad. Defiende una idea de libertad liberal y plantea una crítica a la intervención estatal o educativa en cuestiones relacionadas con la producción y el consumo de pornografía. Considera que no se puede pedir una función educativa a un producto de entretenimiento. Entiende la regulación como una intrusión en la privacidad y una limitación de la libertad individual de las personas, que deben poder hacer con su cuerpo lo que quieran, sin restricciones.
Propuestas 	Debe preservarse la pornografía en las condiciones actuales, ya que está formada por relaciones sexuales y económicas «libres». En el caso de que el consumo de pornografía tenga consecuencias negativas, la responsabilidad recae en la educación y la promoción de un consumo consciente, en lugar de la prohibición o la censura.
Riesgos y límites 	* No tiene una mirada colectiva de las problemáticas sociales y, por eso, no da respuesta al reto educativo que plantea el consumo de pornografía en edades primerizas. * Se desresponsabiliza del impacto de la pornografía hegemónica en la sexualidad.

95

7	«La educación sexual es la solución: las adolescentes deben entender que la pornografía es ficción»
¿Qué dicen? 	Tal vez, si eres una educadora feminista, este enfoque te resulte más familiar, ya que muchas de las entidades dedicadas a la educación sexual la hemos defendido. Se basa en el reconocimiento de que el porno tiene un impacto en el imaginario de la sexualidad de criaturas y adolescentes, y que hace falta actuar sin contribuir a la estigmatización del consumo de pornografía ni caer en la censura. Define que el problema no es el porno en sí, sino el modelo de sexualidad que consolida. Esta perspectiva busca proporcionar herramientas para que las adolescentes puedan desarrollar una mirada crítica hacia los contenidos pornográficos. Se centra en desmontar el modelo de sexualidad que muestra la pornografía hegemónica, así como otros referentes, y hace énfasis en el hecho de que el contenido no es realista, sino una representación ficcionada, a menudo violenta, machista y racista, pensada para la excitación de personas adultas y no para aprender a tener relaciones sexuales.
Propuestas 	La reivindicación principal es la incorporación de la educación sexual de manera transversal en todas las etapas educativas, implicando a todos los agentes (familias, centros educativos...). De forma paralela, propone educar en el uso de las pantallas y elaborar políticas públicas que apliquen regulaciones a la industria pornográfica. También hay quien apuesta por la creación de un porno feminista que tenga contenidos educativos y para jóvenes.
Riesgos y límites 	* A pesar de los avances en educación sexual, aún queda lejos la existencia de un modelo capaz de contrarrestar el impacto educativo del porno hegemónico. Por lo tanto, este planteamiento actualmente se enmarca en un modelo de educación sexual insuficiente, basado en intervenciones puntuales de corta duración.

* En este contexto es imposible llevar a cabo un buen acompañamiento del consumo de porno, y así la intervención puede quedar limitada a explicar que el porno es ficción, un discurso que la mayoría de las adolescentes conoce, y que, por lo tanto, no aporta más herramientas para fomentar una mirada crítica ni tiene una capacidad real de transformación.

* Corre el riesgo de no abordar con concreción cuál es el sexo «real» al que hace referencia y de contribuir a estigmatizar algunas prácticas que muestra el porno, que pueden ser deseadas, consensuadas y trasladadas a la realidad.

* Abre algunos interrogantes: ¿una buena educación sexual sería suficiente para contrarrestar el poder de la industria del porno hegemónico?

97

Conocer los distintos eslóganes, discursos y propuestas te puede servir para encaminar tu acción educativa. ¿Te has identificado con alguno de los planteamientos? ¿Te han parecido interesantes ideas o propuestas de alguno de ellos? Te animamos a ser consciente y a identificar qué perspectivas hay detrás de cada mirada pedagógica.

7. ¿QUÉ NOS ENCONTRAMOS EN LAS AULAS?

Como educadoras sexuales, nuestro día a día está repleto de talleres con adolescentes y jóvenes, tanto en espacios informales como en aulas de secundaria. A lo largo del año, visitamos aproximadamente treinta centros educativos pertenecientes a varios territorios: Vallès Occidental, Vallès Oriental, Baix Llobregat, Maresme, Osona, la Selva y Gironès, y estamos en contacto con unas tres mil adolescentes aproximadamente cada año, mayoritariamente en centros públicos. La práctica de nuestro trabajo, los registros que vamos recogiendo en el día a día sobre las intervenciones y las herramientas de evaluación que utilizamos nos dan muchísima información sobre las experiencias, percepciones, opiniones y resistencias de las jóvenes con relación a la sexualidad y también por lo que respecta a la pornografía. Es cierto que los conocimientos y las reflexiones que vamos generando no son extrapolables a todas las adolescentes y que, además, tienen el filtro de nuestra mirada que, como ya hemos dicho, no es neutral. Aun así, tenemos ganas de sacar provecho de lo aprendido y de compartirte nuestro testimonio profesional que refleja, como mínimo, una parte interesante del contexto actual y que podrás contrastar y comparar con los datos de los estudios que te hemos explicado anteriormente.

Cuando entramos a las aulas a hacer talleres, nos encontramos con que las adolescentes tienen intereses muy diversos en la sexualidad: hay personas que tienen muchísimas ganas de hablar del tema; otras creen que es interesante tener ciertos conocimientos sobre el tema, pero que creen que no les interpela; y hay otras que directamente no quieren ni oír hablar de la cuestión. Es importante tener en cuenta esa diversidad, ya que a menudo las personas adultas presuponemos que en la etapa de la adolescencia tienen este asunto muy presente, pero la realidad no siempre es así.

Más allá del interés por la cuestión, cuando ponemos la sexualidad encima de la mesa vemos una amalgama muy completa de reacciones y emociones: desde la incomodidad hasta la vergüenza, los nervios, la curiosidad, la confrontación, el asco, el alivio... Por ese motivo, dedicamos una buena parte de las sesiones a dar la bienvenida a todas esas emociones y sentimientos y a valorar el reconocimiento de las mismas como una parte imprescindible para una sexualidad saludable.

Para empezar a entrar en materia, preguntamos a las adolescentes si hablan de sexualidad y con quién lo hacen. Además, de forma complementaria, también recogemos formularios anónimos donde les preguntamos, entre otros aspectos, con quién tuvieron la primera conversación sobre el tema. Lo que hemos podido concluir es que las primeras conversaciones sobre sexualidad que tienen las jóvenes son principalmente con amigos y amigas (40%), seguido de las familias (26,2%) y, en última instancia, con el profesorado (11,32%). En algunos de los lugares donde vamos, en los grupos ya han hecho previamente algún taller de educación sexual, pero quedan territorios donde la primera vez que hablan del tema en el aula es a través de un taller con nosotras en 3º de la ESO. Todo ello denota que, aunque la sexualidad esté muy presente en la sociedad, mucho más que unas décadas atrás, aún hay mucho tabú sobre la cuestión y no se habla demasiado del tema ni en la escuela ni en casa.

Las adolescentes que nos encontramos en las clases han crecido en un entorno digital donde tienen a su alcance una gran cantidad de información y de referentes que modelan el imaginario de la sexualidad, algunos positivos y otros negativos. Cuando hablamos de referentes nos referimos a series, películas, *youtubers*, *tiktokers*, *instagramers*, páginas web... y sí, también porno. Como anécdota, a mediados de 2022 un influenciador muy conocido hizo un vídeo donde hablaba de la posible rotura del frenillo del pene en una relación sexual, y la misma semana nos preguntaron sobre ese tema en sitios muy distintos del territorio. O, por ejemplo, cuando hablamos de sexo anal, es muy habitual que los jóvenes repitan una frase mítica de Antonio Recio, un personaje de la serie *La que se avecina*, que dice que tiene un mecanismo de defensa ancestral en las paredes de los glúteos que no permite que le entre nada a través del culo. Por lo tanto, todos los referentes que miran marcan tendencias, y es importante que los conozcamos y que los tengamos en cuenta. Algunos de ellos tienen un impacto realmente negativo, pero también hay muchos (y cada vez más) que son positivos y que transmiten mensajes muy interesantes y necesarios.

Adentrándonos más en la cuestión de los referentes, cuando preguntamos a las jóvenes de dónde sacan información sobre sexualidad, la respuesta es este entramado de conceptos, donde el porno es uno de ellos, pero no el único. Las diferencias entre la categoría de los chicos y las chicas y las personas no binarias son significativas. El porno, y concretamente la plataforma Pornhub, está mucho más presente entre ellos, aunque también aparece en ellas y elles, lo cual reafirma las estadísticas de los estudios que hemos explicado. Además, vemos también algunos referentes como Mostopapi TV (un influenciador que hace entrevistas sobre sexualidad), algunas series como *La que se avecina* o *Élite*, y también las redes sociales. Las chicas y personas no binarias, en cambio, destacan otros referentes como las series *Élite*, *Euphoria*, *Merlí*, *Big Mouth*, *Heartstopper* y *Sex Education*, la plataforma de escritura creativa *Wattpad*, libros, y también, aunque menos que los chicos, el porno.

Trabajar la cuestión del porno en las aulas generalmente despierta interés, y cuando lo hacemos, vemos una realidad también muy diversa que rompe mitos y titulares alarmistas. En primer lugar, y nos parece muy importante remarcarlo, no todas las adolescentes ven porno, y las que sí lo hacen, lo hacen de formas distintas. Muchas de ellas no lo miran porque no les gusta, porque no les interesa, porque no se ven representadas en él o también porque no tienen un acceso fácil o íntimo a internet. Entre las que sí que lo miran o lo han mirado, hay muchas que eligen ver vídeos donde no haya escenas de violencia explícita. Porque ¡ojo!, debemos recordar que las jóvenes también tienen criterio, y aunque las páginas web de porno hegemónico contengan una mayoría de vídeos donde aparece violencia, también hay muchos en los que no aparece y es muy sencillo filtrar las categorías para ver únicamente un tipo de sexo más suave. Es cierto que también hay muchas jóvenes que consumen vídeos donde aparece violencia, y que algunas también hacen consumos problemáticos de los mismos.

En las aulas, hay una clara diferencia de género en los discursos sobre el porno: si bien los chicos muy a menudo asumen que lo ven y a veces lo utilizan como elemento cohesionador y de refuerzo de la masculinidad, las chicas difícilmente expresan públicamente que miran esos contenidos, aunque algunas lo hacen. Muchas jóvenes LGBTI+ no se ven representadas por el porno hegemónico, pero a veces puede ser que lo utilicen como fuente de información, ya que ofrece una representación explícita de la diversidad (aunque lo haga desde la fetichización), que no encuentran en la mayoría de las otras representaciones audiovisuales.

Las jóvenes que crecen en un entorno donde hay creencias religiosas muy presentes, ya sean cristianas, musulmanas, judías..., también reaccionan de maneras diferentes cuando hablamos de porno. Algunas explican que no lo miran porque asumen los mandatos de la religión y lo consideran pecado, otras atraviesan las contradicciones y lo miran igualmente, pero no lo dicen en voz alta, y muchas también se saltan las premisas, lo miran y hablan de ello abiertamente.

¿Y qué opinan las adolescentes?

Es imprescindible tener en cuenta la opinión de las adolescentes sobre el porno, ya que a menudo hablamos de ellas sin escucharlas. Cuando les preguntamos qué opinan sobre el tema, vemos que hay un conjunto de afirmaciones y de discursos que ya tienen clarísimos. Saben recitar de memoria la frase: «el porno es ficción» (aunque no siempre saben argumentar el porqué) y reconocen, también, que el porno es violento hacia las mujeres (sobre todo las chicas). Hay más debate cuando preguntamos si el porno sirve para aprender, ya que hay una parte de las jóvenes que defienden que se puede aprender a tener sexo viendo pornografía y, por el contrario, otras que son conscientes de que lo que ven en él no refleja la realidad y que, por lo tanto, no es bueno utilizarlo como tutorial.

¿Qué ha introducido el porno en el imaginario, el vocabulario y la forma de entender el sexo?

Como ya hemos ido diciendo, el porno representa la realidad del contexto en el que vivimos y, a su vez, también es uno de los agentes que crea y modela el imaginario sobre la sexualidad. Desde nuestra experiencia, observamos que el consumo de la Nueva Pornografía en Línea ha introducido y extendido percepciones, palabras y discursos en el imaginario de la sexualidad de adolescentes y jóvenes que antes no estaban tan presentes. Sin pretender generalizar, os dejamos algunas impresiones sobre qué percibimos que han introducido estos contenidos:

1. Diversidad de prácticas sexuales

El porno hegemónico muestra una gran diversidad de prácticas sexuales que responden a los nichos y a las demandas del mercado. Hace treinta o cuarenta años, era mucho menos común tener acceso a un referente que mostrara tantas prácticas diferentes, y las más representadas eran la penetración pene-vagina, las felaciones y, como mucho, el sexo anal. Actualmente, aunque esas tres siguen siendo las más comunes, encontramos a un solo clic una infinidad de prácticas que introducen nuevos paradigmas, fetiches y tendencias, casi siempre al servicio del deseo y las fantasías masculinas. Por ejemplo, en las aulas, es común que las adolescentes hagan muchas preguntas sobre sexo anal, masturbaciones con los pechos, sexo en grupo o tríos, tijeras (frotar las vulvas),cunnilingus, etc. Por otro lado, también aparecen más preguntas sobre prácticas que, tal y como se muestran en el porno hegemónico, pueden formar parte de un imaginario misógino, como las conocidas corridas en la cara, los *gang bang*, los *bukkakes*, el *fisting*,[20] las dobles y triples penetraciones, etc.

2. Naturalización de prácticas y roles de dominación y sumisión

Las prácticas que juegan con el dolor y el poder, también conocidas como BDSM (Bondage, Disciplina, Dominación, Sumisión, Sadismo y Masoquismo), son prácticas no normativas igual de legítimas que cualquier otra. Se llevan a cabo dentro de un marco de pactos, consensos, protocolos y normas de seguridad que garantizan que las personas participantes están de acuerdo y se cuidan mutuamente. Las prácticas agresivas o violentas que aparecen en el porno hegemónico, en cambio, no solo no son de BDSM, sino que lo banalizan, ya que no muestran ese marco de comunicación, consenso y cuidados. Aparte, el rol de dominación casi siempre es ejercido por parte de los hombres cis hacia las mujeres o hacia otros hombres en el porno gay. Así, se normaliza y se erotiza la violencia mostrando prácticas de dolor o sumisión sin un marco de consentimiento y deseo. A su vez, se contribuye a reafirmar la idea de que a todas las mujeres de forma generalizada les excita sentir dolor o tener roles de

---

20. Encontrarás las definiciones de estos conceptos en el capítulo II, en el apartado: Vocabulario del porno hegemónico.

sumisión en sus prácticas sexuales (haciendo una mamada hasta el ahogo, siendo estrangulada, escupida, azotada...).

Esta naturalización, contextualizada en una cultura patriarcal y machista y situada en la adolescencia, un periodo clave en el que están aprendiendo a identificar qué les gusta y qué no, puede comportar riesgos. En ese sentido, es importante que las adolescentes y jóvenes puedan aprender a diferenciar las fantasías de las prácticas, sean capaces de tener una mirada crítica sobre las violencias y los contenidos que consumen e incorporen la comunicación como una herramienta esencial en cualquier relación sexual.

3. Vinculación de la sexualidad con el dolor

A lo largo de la historia, la sexualidad de las mujeres se ha desvinculado del placer, se ha centrado en la función reproductiva y a menudo se ha asociado al dolor. A día de hoy, todavía persisten ideas como que la primera penetración pene-vagina debe ser dolorosa o que las chicas fingen orgasmos. Esos mitos, reforzados por algunas representaciones pornográficas donde se muestran caras de dolor o escenas violentas, perpetúan la visión de que la sexualidad de las mujeres no es para disfrutarla, sino para satisfacer al otro. Una de las preguntas más frecuentes que nos hacen las adolescentes en las aulas es si las chicas del porno gritan de dolor o de placer. La representación de contenidos violentos en esos vídeos, a menudo consumidos por adolescentes que no han tenido relaciones sexuales, puede generar confusión sobre qué implica realmente una experiencia sexual y contribuir a deshumanizar a las personas que participan en ella. Para alguien que no sabe qué es el sexo de primera mano, puede ser difícil discernir, solo viendo esos vídeos, si las personas se lo están pasando bien o si están enfadadas entre ellas. Esta confusión es especialmente habitual entre adolescentes de doce a catorce años e, incluso, entre criaturas que acceden a esos contenidos involuntariamente antes de los doce.

4. Normalización de la erotización de las diferencias de edad: MILF, *sugar daddy*...

Los contenidos de pornografía en línea, sobre todo en los últimos años, han erotizado las diferencias de edad (con conceptos como: madura, MILF, *sugar daddy*...) y las relaciones sexuales entre familiares (madrastra, padrastro, hermanastro, etc.). De forma consciente, muchas adolescentes rechazan estas categorías y argumentan que no las miran porque son violentas y desagradables. Aun así, su visionado puede comportar un impacto que no debe minimizarse, ya que puede aparecer el riesgo de naturalizar las relaciones sexuales entre adultos y menores y, en consecuencia, puede hacerse más difícil identificar ese tipo de violencias sexuales en lo cotidiano.

5. Estereotipo de los genitales

Los genitales que aparecen en los vídeos porno han contribuido a generar un estereotipo más marcado por lo que respecta a las vulvas y los penes. La mayoría de las vulvas que aparecen están depiladas, son simétricas, con los labios externos más grandes que los internos... y esa representación tiene implicaciones en el sentido común de las adolescentes; cada vez más creen que las vulvas «bonitas» no deben tener pelos. Por lo que respecta a los penes, los que se muestran a menudo son muy grandes y mantienen una erección constante a lo largo de los vídeos, lo cual refuerza el mito de la disponibilidad sexual de los hombres y consolida la idea de que, si no hay una erección continua, el sexo acaba.

6. Se rompen algunos tabús

El porno ha popularizado y ha dado a conocer algunos conceptos relacionados con la sexualidad de las mujeres o personas con vulva que hace unas décadas no estaban tan presentes en los discursos populares. Por ejemplo, vemos que muchas más jóvenes saben qué es el *squirt*, tienen más presente la práctica del cunnilingus, conocen dónde está el clítoris y cómo estimularlo, hablan de las tijeras (frote entre genitales) como una práctica más e incluyen en su imaginario el uso de juguetes sexuales.

Así pues, la pornografía hegemónica influye en el imaginario sexual de adolescentes y jóvenes, tanto si son consumidoras directas, como si conviven en su entorno con personas que lo son. Cuestionar esta representación cultural y desmontar los mitos que perpetúa es esencial para ofrecer nuevos referentes de sexualidad más saludables y para facilitar a las jóvenes trazar el mapa de su sexualidad con más libertad y diversidad.

Ahora que ya hemos repasado el enfoque que los medios han hecho de esta cuestión, hemos revisado los datos de algunos estudios publicados, hemos confrontado los discursos sociales y nos hemos adentrado en las aulas para entender cómo lo están recibiendo las adolescentes, solo nos queda el gran reto: pasar a la acción. ¿Nos acompañas?

PARTE 3.
¡PASEMOS A LA ACCIÓN!

8. MÁS EDUCACIÓN SEXUAL

El derecho a la educación sexual

El 10 de diciembre de 1948, en París, la Asamblea General de las Naciones Unidas aprobó la Declaración Universal de los Derechos Humanos, donde se recogían un conjunto de derechos considerados básicos y que deberían aplicarse a todos los seres humanos.

Años más tarde, esa declaración fue ampliamente criticada por las feministas por su perspectiva androcéntrica y occidental. El texto definía implícitamente como sujeto universal de derechos al hombre blanco de clase media, cabeza de familia, trabajador remunerado; a su vez, se olvidaba de la garantía de derechos en el espacio privado y definía a la familia como un todo homogéneo con intereses comunes. Fueron décadas de reivindicación y debate con el objetivo de reconceptualizar los Derechos Humanos (DD. HH.), ampliar el sujeto e incluir los específicos de las mujeres, como los derechos sexuales y reproductivos, el derecho a la integridad física y psíquica en el ámbito privado de la familia, al nombre propio, a la autonomía personal (económica, jurídica...) (Zabala, Begoña, 2008).

Esas reivindicaciones fueron boicoteadas por los sectores conservadores y religiosos integristas, que pretendían mantener el control sobre el cuerpo de las mujeres (de la natalidad, de la sexualidad, de la reproducción...).

En el año 1995 se celebraba en Beijing la Cuarta Conferencia Mundial sobre la Mujer, organizada por las Naciones Unidas. Ciento ochenta y nueve estados, entre ellos el Estado español, aprobaban la Declaración y Plataforma de Acción de Beijing, una hoja de ruta para conseguir la igualdad de género y el empoderamiento de las mujeres. En esa declaración se establecían una serie de medidas y objetivos estratégicos, entre ellos, el de garantizar que las personas pudieran vivir su sexualidad libre de violencias y discriminaciones.

Al cabo de dos años, en junio de 1997, se celebraba en Valencia el XIII Congreso Mundial de Sexología. Participaron más de sesenta países, que aprobaron la Declaración Universal de los Derechos Sexuales como parte indisoluble de los Derechos Humanos. Esa declaración incluía el derecho a la educación sexual.

Como hemos visto y vemos hoy, las luchas feministas y LGTBI+ han sido una pieza clave para avanzar en materia de derechos sexuales y reproductivos, también para garantizar una educación sexual que ponga en el centro el placer, la diversidad, el autoconocimiento, la información y los cuidados, y que fomente unas relaciones saludables, para acabar con las discriminaciones y violencias.

¡Necesitamos un marco legal!

Actualmente, en el Estado español, la educación sexual todavía no parece una prioridad. Aunque hemos tenido y tenemos leyes que contemplan su aplicación práctica, esta continúa siendo deficiente.

¿De dónde venimos?

La Ley de educación de 2006 (LOE) incorporaba la educación afectiva y sexual dentro de la asignatura de educación para la ciudadanía y los derechos humanos, pero no establecía medidas concretas para aplicarla ni se destinaban recursos económicos y humanos a ello. Con la aprobación de la Ley orgánica para la mejora de la calidad educativa (LOMCE) en 2013, conocida como ley Wert, durante el gobierno del PP de Mariano Rajoy, se modificaba profundamente la ley de educación de 2006 , se eliminaba la asignatura de educación para la ciudadanía, lo cual dificultaba todavía más el trabajo de la sexualidad en las escuelas.

¿Y qué tenemos en la actualidad?

Durante el gobierno de coalición PSOE y Unidas Podemos (2019-2023), se derogó la LOMCE y se aprobó en 2020 la Ley Orgánica de modificación de la LOE (LOMLOE), que tenemos ahora. En esta ley, se opta por la integración de manera transversal de la educación afectiva y sexual en todas las etapas y niveles educativos. A su vez, la reforma de la Ley de salud sexual y reproductiva y de la interrupción voluntaria del embarazo (Ley Orgánica 1/2023) también incorpora el compromiso de garantizar la educación sexual, establece que debe formar parte del currículum educativo en todas las etapas de educación obligatoria y que debe ser impartida de forma transversal desde los centros educativos y por parte de su profesorado. Asimismo, establece que es competencia de los gobiernos autonómicos poner las herramientas necesarias para desarrollar esas estrategias y su adecuada implementación. También encontramos la educación sexual en leyes como la Ley orgánica 8/2021 de protección integral a la infancia y la adolescencia ante la violencia.

En Catalunya, el Departamento de Educación impulsa el Programa Coeduca't desde el curso 2019-2020, cuyo objetivo es ofrecer recursos para incorporar de manera transversal la coeducación, la perspectiva de género y la educación afectiva y sexual desde infantil hasta 4º de la ESO. A pesar de ser una buena fuente de recursos pedagógicos, no se trata de un programa de implantación obligatoria y queda en manos del profesorado destinar tiempo y energía a incorporar esos contenidos en el aula.

Más adelante, la educación afectivosexual se incluye en los currículums educativos de manera mucho más explícita, con la aprobación del Decreto 175/2022, del 27 de septiembre, de ordenación de las enseñanzas de educación básica, y la aprobación del Decreto 21/2023, del 7 de febrero, de ordenación de las enseñanzas de educación infantil.

Por último, durante el gobierno de ERC de la Generalitat de Catalunya (2021-2024), el Departamento de Igualdad y Feminismo impulsa la Estrategia Nacional de Derechos Sexuales y Reproductivos (ENDSiR), y en ese marco implementa el Plan integral de equidad menstrual y climaterio 2023-2025, que consiste en «sesenta acciones de carácter orientativo, que están organizadas en siete ámbitos, dirigidas a garantizar una vivencia digna, libre y saludable de la menstruación y del climaterio a lo largo del ciclo vital». Entre las acciones, destaca la de incluir la educación sexual y reproductiva en el currículum de todas las etapas educativas, con un enfoque integral, que incluya la educación menstrual.

Así, a pesar de los cambios en el gobierno, parece que el camino para garantizar el derecho a la educación sexual avanza: tenemos un marco legal que sienta las bases y ha incrementado la sensibilidad hacia la materia, que poco a poco va ganando presencia en las aulas. De todas formas, lo hace a ritmos desiguales en función de los centros, del profesorado y de los recursos económicos disponibles, ya que no dispone de un tiempo y de un espacio escolar definido, de docentes responsables de la materia, ni de formación garantizada para el profeso-

111

rado. Además, el estado de saturación del sistema educativo, así como la urgencia de múltiples problemáticas que también necesitan ser abordadas, como la salud mental, el racismo, los consumos de drogas o los usos de las pantallas, hace que la implementación de la educación sexual sea todo un reto.

Al mismo tiempo, el derecho a la educación sexual está en disputa. Su reivindicación y presencia en las aulas ha despertado resistencias e incluso denuncias por parte de la derecha conservadora, algunos sectores religiosos y la extrema derecha. Por lo tanto, el camino hacia consolidar este derecho no está blindado ni garantizado, necesita de la implicación de toda la comunidad y de un compromiso como sociedad.

¿De dónde venimos y qué queremos?

El modelo de educación sexual actual bebe de distintos paradigmas que han coexistido a lo largo de la historia occidental reciente. Dos de los que han tenido una influencia más importante durante el último siglo en nuestro territorio han sido el modelo moralista prohibitivo y el modelo médico, centrado en la prevención.

El modelo moralista fue adoptado y exaltado por la dictadura franquista. La Iglesia católica desarrolló un papel decisivo en el control de la educación y el monopolio de la vida moral, a través de la idea del pecado y la culpa. Esta institución, junto con el Estado y en connivencia con la psiquiatría, promovieron un modelo de sexualidad enmarcado en el matrimonio heterosexual, que tenía una finalidad procreadora y en el que las mujeres debían ser receptoras de los deseos y necesidades de los hombres, quienes gozaban de más libertad (Platero, Raquel-Lucas, 2008). Como consecuencia, se criminalizó, persiguió y patologizó cualquier manera de vivir la sexualidad fuera de esas normas. Ese modelo otorgaba un rol prioritario a la familia y a figuras representantes de esa moral, en la transmisión de valores relacionados con la sexualidad. Entre otros, promovía la abstinencia, criticaba el placer, patologizaba la homosexualidad, negaba la sexualidad en la infancia y buscaba posponer la actividad sexual de adolescentes (López, Félix, 2023).

El modelo médico o preventivo estuvo muy presente en los años ochenta, en el contexto de la aparición de la epidemia del VIH. Era un modelo defensivo, centrado en evitar los riesgos de la actividad sexual y, por lo tanto, focalizado en la prevención y la cura de infecciones y enfermedades de transmisión sexual y de embarazos no deseados. Se basaba en una mirada de la salud reducida a la ausencia de enfermedad y establecía una relación directa entre lo «sano» y lo correcto, y estigmatizaba cualquier conducta considerada de riesgo. La educación sexual, por lo tanto, la debía impartir el personal sanitario.

Los discursos alrededor de la educación sexual no se han librado del todo de esos viejos paradigmas, y aún a día de hoy, hay quien defiende que la sexualidad no debe trabajarse desde los centros educativos, o bien que lo debe hacer el personal sanitario. A pesar de ello, cada vez hay más entidades, proyectos y profesionales que defendemos un modelo diferente.

113

¿Y qué educación sexual queremos?

Proponemos una educación sexual integrada transversalmente en todo el proceso educativo, que acompañe a las personas en la adquisición de habilidades y actitudes saludables con ellas mismas y con su entorno, y que proporcione conocimientos sobre el cuerpo, la salud sexual y reproductiva, el placer, las relaciones, la diversidad, la prevención, la comunicación, las emociones, las violencias... Una educación sexual que permita desarrollar y vivir la sexualidad de manera libre y respetuosa, y tomar decisiones informadas, autónomas y responsables.

Queremos una educación sexual que...

Empiece en la primera infancia teniendo en cuenta que la sexualidad es una dimensión más de las personas, **presente a lo largo de toda la vida,** y no solo limitada a la etapa fértil. El acompañamiento debe ser capaz de adaptarse a las necesidades madurativas de cada persona y grupo, teniendo en cuenta

* Las etapas de desarrollo e intereses propios de la edad.
* Las necesidades de cada criatura, adolescente y del grupo.

⋆ Los conocimientos que deben adquirirse en cada momento.

Tenga **una perspectiva biopsicosocial,** es decir, que entienda que la sexualidad es una realidad compleja formada por la interacción de factores fisiológicos, lo cual no quiere decir inmutables (el cuerpo, los genitales, las hormonas, la pubertad...); psicológicos (las emociones, los pensamientos, las creencias, las experiencias pasadas, la autopercepción...); y sociales (el contexto cultural, las normas sociales, las políticas, las representaciones culturales, los valores, la religión, el género...).

Tenga **una mirada interseccional.**[21] Eso implica entender que las desigualdades estructurales influyen directamente en las experiencias sexuales de las personas, es decir, que los ejes de opresión y privilegio, como el género, la clase social, la orientación sexual, la edad, la raza, la discapacidad, la religión, la corporalidad... juegan un papel clave en el desarrollo de la propia sexualidad. Además, la perspectiva interseccional no interpreta esas desigualdades como una simple suma de ejes, sino como una fusión que genera experiencias concretas de opresión o de privilegio (Rodó, Maria, 2021). Esta visión permite reconocer la diversidad de experiencias y necesidades, evitar modelos homogeneizadores, ofrecer una mirada crítica de la sexualidad e identificar y actuar ante las

---

21. El concepto de interseccionalidad es acuñado por Kimberlé Crenshaw y el feminismo negro norteamericano a finales de los años ochenta y principios de los noventa, para comprender la situación de discriminación y desigualdades estructurales que sufrían las mujeres negras desde una perspectiva feminista y antirracista. El punto clave era mostrar que esos dos ejes (género y raza), por separado, no podían explicar su situación de desigualdad, sino que hacía falta ver cómo se interrelacionaban y configuraban una experiencia de opresión concreta. Incorporar una perspectiva interseccional al análisis de la sociedad y el entorno implica abordar las dinámicas de desigualdad desde una óptica compleja y multidimensional. Esa mirada permite entender cómo interactúan distintos ejes de opresión, como el género, la raza, la clase social, la orientación sexual, la discapacidad, entre otros, configurando experiencias concretas y específicas de desigualdad. El análisis interseccional, por lo tanto, no solo reconoce la coexistencia de esos ejes, sino que subraya su interdependencia en la creación de realidades sociales desiguales.

desigualdades y las violencias. Eso también debe implicar, por un lado, cuestionar la «verdad universal occidental» para evitar prácticas educativas racistas y, por el otro, garantizar una educación sexual para todas las personas, que supere el capacitismo.

Una educación sexual que se base en...

Atender sin tabús a la curiosidad y las dudas de criaturas y adolescentes sobre temas de sexualidad y reconocer su derecho a hacer preguntas. Será necesario educar en la confianza para facilitar que compartan sus inquietudes, ofrecer espacios de diálogo y mantener una actitud de respeto y no prohibitiva.

115

Acompañar y cuidar el proceso de asignación y descubrimiento de la **identidad de género,** ofreciendo un amplio abanico de modelos, referentes y maneras de vivirlo (cuentos, libros, vídeos, películas, el rol y las actitudes de las adultas del entorno...), así como fomentando las elecciones libres, el juego, la experimentación, el no-juicio y el respeto a la diferencia.

Acompañar y normalizar la curiosidad hacia el propio cuerpo y los genitales, como un ejercicio positivo de autoconocimiento y de exploración del placer. Enseñar sus partes y funciones, los hábitos de higiene y cuidados, así como abandonar el uso de eufemismos y usar palabras correctas para referirse a aspectos del cuerpo y la sexualidad.

Poner en valor el placer y la diversidad de maneras de disfrutar, más allá de los genitales, y trabajar por aprender a reconocer las sensaciones y situaciones de bienestar y de malestar.

Crear entornos de respeto a los cuerpos y, por tanto, ser conscientes del peso de la presión estética, la gordofobia, actuar ante situaciones de *bullying* y discriminación, no elogiar la delgadez, acompañar los malestares y las situaciones de riesgo, y en general, evitar comentarios de juicio hacia el cuerpo de las criaturas y de las adolescentes y sobre el propio cuerpo.

Acompañar y cuidar el descubrimiento de la propia sexualidad, desde una mirada diversa que contemple todas las orientaciones del deseo, sin estigma ni prejuicios, y actuar ante situaciones de LGTBI-fobia.

Fomentar entornos de respeto y buen trato entre iguales y entre adultas y menores, trabajando la comunicación, la empatía, la identificación y la gestión emocional, la comprensión de los límites, la solidaridad, los cuidados, la escucha activa, la capacidad de llegar a acuerdos...

Trabajar la prevención, detección y rechazo de las violencias. Como educadoras, detectar situaciones de violencia, así como posibles indicadores de violencia sexual infantil y tener nociones de qué hacer ante una revelación.

Comprender e incentivar la toma de decisiones como crecimiento personal y reivindicación de la autonomía individual, desarrollando habilidades para identificar y expresar las necesidades y deseos, trabajando el autoconocimiento, la autoconfianza, la dignidad personal, la comprensión de las propias emociones...

Ofrecer conocimientos, información y resolver dudas sobre qué es la sexualidad, modelos familiares, formas de re-

 producción, partes del cuerpo y sus funciones, anatomía y diversidad genital, higiene y cuidado personal, pubertad, ciclo menstrual, roles y estereotipos de género, orientaciones sexuales, identidades de género, relaciones afectivas, relaciones sexuales, placer, primeras veces, pornografía, prevención de ITS, interrupción voluntaria del embarazo, métodos anticonceptivos, seguridad digital, formas de violencia, etc.

 **Ofrecer la información** necesaria para favorecer una buena gestión de los riesgos y los placeres de la sexualidad, sin necesidad de caer en discursos basados en mitos y en el miedo.

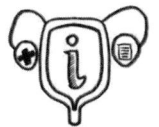 **Dar a conocer los derechos sexuales y reproductivos** y empoderar en la defensa de los mismos. Informar de los recursos y servicios disponibles de atención a la sexualidad.

117

¿Cómo lo tenemos que hacer?

Para lograr esos objetivos, la educación sexual no puede ser un tema tratado en sesiones, conversaciones o días aislados, sino que debe formar parte del proceso continuo de acompañamiento integral de criaturas y adolescentes. Además, debe tener un alcance transversal y, por lo tanto, debe impregnar todos los ámbitos educativos, incluyendo los momentos de convivencia como las comidas, las duchas, los recreos, las extraescolares... En la educación formal, es necesario también incorporar y revisar los contenidos que tienen relación con asignaturas concretas, como biología, historia, educación física... Por último, sería interesante plantear la posibilidad de que la educación sexual sea una asignatura específica o forme parte de una asignatura más amplia.

¿Y quién lo tiene que hacer?

Queremos una educación sexual comunitaria, donde se trabaje en red implicando a todos los agentes educativos (familia, profesorado, monitoras y directoras de ocio y tiempo libre, espacios juveniles, personal sanitario...). Y será necesario desarrollar políticas públicas que aporten las bases y la infraestructura necesaria para llevarla a cabo.

Para empezar, es importante garantizar formación sobre sexualidad a las profesionales del mundo educativo, dotándolas de herramientas que permitan dar respuesta ante las inquietudes y necesidades de criaturas, adolescentes y jóvenes, llevar a cabo un acompañamiento adecuado, y actuar frente a escenarios de discriminación y violencia. Eso implica que esta materia se incluya, como mínimo, en los grados de Educación, Trabajo Social, Pedagogía, Educación Social, Psicología y másteres de profesorado, así como en los espacios de formación de monitoras y directoras de tiempo libre.

En ese sentido, los espacios de educación en el ocio y tiempo libre (espacios juveniles, agrupaciones educativas, Scouts, campamentos, entidades deportivas y de cultura popular) también son potenciales entornos donde hacer ese acompañamiento en el descubrimiento de la sexualidad de forma transversal y transformadora. Son espacios importantes en el crecimiento y la educación de criaturas, adolescentes y jóvenes y su naturaleza de entornos informales, de confianza y de diversión les permite abordar multitud de aspectos que tienen que ver con el crecimiento, el descubrimiento y el desarrollo como personas.

El papel de las familias también es clave en ese proceso de acompañamiento y aprendizaje, ya que son figuras referentes. Por ello, es interesante ofrecer formaciones y generar espacios de intercambio con las educadoras para poder articular intervenciones conjuntas y coherentes. Aun así, es necesario tener en cuenta que no todas las familias disponen del mismo tiempo libre ni de la misma calidad, a menudo a causa de largas jornadas laborales o de la precariedad económica. Esas desigualdades no solo limitan la posibilidad de algunas familias de implicarse plenamente en la educación sexual, sino que ponen de manifiesto que garantizar a todo el mundo unas condiciones materiales para una vida digna es imprescindible para posibilitar una implicación familiar en el proceso educativo de criaturas y adolescentes.

El ámbito sanitario es imprescindible a la hora de garantizar los derechos sexuales y reproductivos y ofrecer un buen acompañamiento de la sexualidad en los distintos espacios de intervención: la consulta médica, los espacios de atención a la sexualidad exclusivos para jóvenes, los programas de salud en los institutos y escuelas… En ese sentido, es importante, por un lado, desplegar los proyectos de salud sexual en todo el territorio, dotarlos de coherencia y garantizar su calidad, y por otro lado, ofrecer más formación en materia de sexualidad a las profesionales sanitarias y a las estudiantes de medicina y enfermería desde una perspectiva feminista, LGTBI+, antirracista y anticapacitista.

Del mismo modo, se debe poner en valor el trabajo que hacen los servicios que atienden violencias machistas y sexuales, y mejorar su perspectiva juvenil. Respecto a los servicios de atención a la diversidad sexual y de género, es necesario seguir apostando por el despliegue y la consolidación de los servicios de atención integral LGTBI+ (SAI en Catalunya) en todos los puntos del territorio, así como garantizar su perspectiva interseccional. En el ámbito de atención a personas trans, se debe seguir desplegando el Servicio de Atención a la salud de las personas trans (Trànsit en Catalunya).

Teniendo en cuenta el peso que tienen las representaciones culturales y audiovisuales a la hora de crear nuevos imaginarios o de consolidar los existentes, es importante potenciar y favorecer la creación de contenidos educativos alrededor de la sexualidad y de productos culturales de entretenimiento para criaturas, adolescentes y jóvenes que rompan con el modelo de sexualidad hegemónico y muestren maneras de relacionarse y vivir la sexualidad desde la libertad, el placer, el respeto y la diversidad.

Por último, es importante aprovechar el tejido asociativo potente y diverso del territorio para favorecer espacios de participación donde adolescentes y jóvenes puedan expresar su voz en primera persona. La implicación en colectivos feministas, LGTBI+, antirracistas, así como en espacios de ocio y tiempo libre y otras iniciativas, puede ser una herramienta clave para fomentar el empoderamiento, la defensa de sus derechos y la denuncia de injusticias.

9. COMPRENDER A LA ADOLESCENCIA

Nuestra mirada

Ahora que ya te hemos propuesto algunas ideas para un nuevo modelo de educación sexual, queremos detenernos y reflexionar acerca de la mirada que tenemos hacia la adolescencia con la voluntad de superar el paradigma alarmista y positivizar esta etapa única de la vida.

La sociedad acostumbra a cargar la adolescencia de connotaciones negativas y prejuicios, que tienden a hacer énfasis en los problemas y a ver únicamente sus peligros. Si recuerdas tu adolescencia, estarás de acuerdo con el hecho de que cada generación adolescente carga con la creencia de que es peor que la anterior (Funes, Jaume, 2018). Entre todo el alarmismo y la angustia de ese momento de cambio, a veces se nos olvida que sus formas de estar en el mundo son el resultado de una sociedad que no han hecho ellas, sino las adultas.

Así pues, sin que eso signifique abandonar la necesidad de acompañar esta etapa, es importante recordarnos que durante la adolescencia no hay nada cerrado ni decidido. Es un periodo con sus particularidades propias, marcado por la exploración, el ensayo-error, la búsqueda y la construcción de la propia identidad... y acostumbra a ir acompañado de contrastes emocionales: conflicto, rebelión, atracción por el riesgo, experimentación con el placer, y también hiperactividad y pasividad, exaltación y cansancio, etc. Todos esos aspectos pueden poner en crisis el mundo adulto y la relación que hasta ahora habíamos establecido con la criatura. A su vez, esto va acompañado de un cambio de referentes, el grupo de iguales sustituye la referencialidad que hasta entonces tenía la familia, lo cual puede suponer un reto añadido (Martínez, Isabel, *et al.*, 2008).

¿Cómo educamos?

Si ya no son criaturas, ¿cómo lo hacemos?

Que hayan abandonado la infancia y entren en conflicto con el mundo adulto no significa que no nos necesiten, sencillamente deberemos cambiar la manera como habíamos educado hasta ese momento y preguntarnos: ¿qué necesitan de nosotras? Ya no quieren que las protejamos como lo hacíamos antes, pero sí que las acompañemos en la gestión de sus arriesgadas vidas (Funes, 2018).

¡Acompañamos, no dirigimos!

Para poder desarrollar un rol real de acompañamiento es necesario que la adolescente nos vea como personas cercanas, disponibles y de confianza. Y es imprescindible que esta tarea la hagamos en red, es decir, garantizar que no seamos la única persona adulta referente a quien puede recurrir.

Debemos poder ser presencias significativas, pero no invasivas. Y no olvidar que buscan y necesitan de nosotras que las acompañemos como personas adultas y no como un vínculo de amistad (Funes, 2018).

Desde las familias, se deben cultivar las relaciones de confianza y la comunicación desde la infancia. Paralelamente, es importante ofrecer un espacio de seguridad, compañía y preocupación razonada por sus vidas, que no significa control ni sobreprotección. Teniendo en cuenta la era digital en la que nos encontramos, cada vez existen más herramientas que facilitan ese control. A la hora de educar, será imprescindible tener una mirada crítica con esos dispositivos.

Como educadoras, no debemos tutelar ni moralizar, sino sugerir, estimular, proponer... para que puedan decidir su propio camino.

Responsabilidad y autonomía para la gestión de riesgos y placeres

En esta etapa les toca aprender a decidir y a gestionar tanto los placeres como los riesgos de sus decisiones. Aunque eso nos puede generar miedos, es un proceso clave en su desarrollo, ya que consolidará las bases de la autonomía que necesitarán en la adultez. Deben aprender a ser responsables, y nosotros les te-

121

nemos que acompañar en ese camino hacia la independencia, que deben ganar de manera progresiva. Eso implica darles el espacio para decidir y, también, para equivocarse. Nuestro papel será informarles, ayudarles a valorar los riesgos y apoyarles tanto en la toma de decisiones como en la gestión de sus consecuencias, especialmente si son negativas. Si, para evitarles sufrimiento, decidimos siempre por ellas, corremos el riesgo de sobreprotegerlas e impedir que aprendan a ser personas autónomas y capaces de decidir por sí mismas.

La pedagogía del pacto

Es importante implicar a las adolescentes en la definición de las normas, asegurando que surjan de acuerdos y que formen parte de un proceso compartido de razonamiento, negociación y pacto, donde se tengan en cuenta las necesidades y las preocupaciones de todas las partes. Es a lo que el psicólogo Jaume Funes se refiere como «pedagogía del pacto».

El objetivo de establecer normas y límites no es eliminar el conflicto, sino ayudar a la adolescente a interiorizar los valores que justifican el porqué y comprender el coste que tendría transgredir ese límite. Por lo tanto, esas normas y límites son necesarios, pero no deben ser excesivos. Como adultas referentes, también tenemos que estar preparadas para gestionar lo que pasa cuando se rompen, asumiendo esa responsabilidad como una parte esencial del proceso educativo (Funes, 2018).

EJERCICIO

Las personas adultas, cuando trabajamos con adolescentes, a menudo olvidamos nuestra propia adolescencia, la importancia y complejidad de esa etapa y las necesidades que teníamos en ese momento.

¿Recuerdas cómo te sentías tú? ¿Qué necesitabas de las adultas a tu alrededor en esa etapa?

Seguro que has oído comentarios negativos acerca de la adolescencia... ¿recuerdas cuáles te decían a ti?

En definitiva, debemos establecer una mirada positiva hacia las adolescencias, hacerlas plurales y considerarlas un periodo en sí mismo de la vida y no solo como una época de transición hacia la adultez. Tenemos que dar importancia a las preocupaciones, las experiencias, las necesidades y las dificultades que surgen en esta etapa, mirarlas con interés, con curiosidad, y dar valor a lo que viven y cómo lo viven (Funes, 2018).

La sexualidad en la adolescencia

Con relación a la sexualidad, uno de los errores más comunes es presuponer que la adolescencia va ligada necesariamente al despertar explosivo de esa dimensión. Es importante recordar que la sexualidad nos acompaña siempre, y que no todas las adolescentes tendrán interés por el tema ni seguirán el mismo ritmo. Partir de la escucha es imprescindible para no reproducir estereotipos.

En la línea de no homogeneizar la sexualidad adolescente, debemos también entenderla desde una mirada interseccional y comprender cómo las desigualdades condicionan su experiencia. Así pues, el género, la orientación sexual, la clase, la raza, el cuerpo... —y cómo se interrelacionan— tendrán un peso significativo. Como educadoras, tendremos un rol importante a la hora de prevenir, detectar y acompañar posibles situaciones de violencia y discriminación.

A su vez, y de la misma manera que el resto de la sociedad, la sexualidad adolescente está atravesada por el modelo patriarcal, racista y capacitista, lo cual impregna su percepción de las relaciones, del cuerpo, del sexo... Muy probablemente, tendrán un impacto en sus experiencias el ideal de amor romántico, los estereotipos de género, la heteronormatividad, la hipersexualización, las violencias y relaciones de poder, etc. Será necesario, por lo tanto, estimular su mirada crítica hacia esos arquetipos, así como ofrecer otros modelos.

Como ya hemos visto a lo largo del libro, no podemos hablar de sexualidad y de adolescencia sin hablar de entornos digitales. Debemos tener en cuenta

123

que parte del descubrimiento y la experimentación de la sexualidad pasará también por el espacio virtual. Así, debemos tener presente que ni lo podremos evitar ni lo tenemos que moralizar, sino que debemos acompañar la gestión de los riesgos y los placeres que comporte, ofreciendo información para que puedan tomar sus propias decisiones.

10. UNA PROPUESTA EDUCATIVA PARA EL ABORDAJE DEL PORNO

Revisémonos

Antes de hablar de pornografía y de sexualidad con adolescentes, te animamos a que te hagas algunas preguntas. ¿Cuál ha sido tu experiencia con esa cuestión?, ¿qué educación sexual recibiste?, ¿se hablaba de sexualidad en la escuela?, ¿y en casa?, ¿cómo lo vives actualmente?, ¿qué se te despierta cuando hablas de sexualidad?, ¿y de porno?, ¿te sientes cómoda?, ¿te da vergüenza?, ¿te cuesta articular algunas palabras?

La sexualidad es una dimensión personal a menudo atravesada por vivencias significativas, a veces desagradables, violentas e injustas. Cuando acompañamos la sexualidad es posible que conectemos con nuestra propia experiencia y que ello condicione nuestra intervención. Nuestros privilegios nos pueden dificultar ver algunas realidades o conectar con determinadas vivencias, y nuestras experiencias de opresión nos pueden activar preocupaciones y reacciones. Ser consciente de ello es el primer paso para saber distinguir qué hubiera necesitado yo en su momento y qué necesita la persona a quien acompaño. Debemos evitar que el acompañamiento quede excesivamente condicionado por nuestros miedos, nuestra experiencia con el porno o por nuestra opinión personal, abandonando así el objetivo pedagógico.

Si queremos hablar de porno con adolescentes, debemos abandonar el juicio y abrir espacios de debate y reflexión conjuntos. Las adolescentes tienen derecho a expresar su opinión y a que sea escuchada. Conseguir que reproduzcan nuestros discursos y opiniones puede ser satisfactorio a corto plazo, pero no estimula su capacidad crítica.

En resumen, cuando acompañamos tenemos que ser conscientes de la importancia que pueden tener nuestras experiencias, las emociones que nos despiertan, los prejuicios y las opiniones personales; debemos no perder de vista las necesidades de las adolescentes que tenemos delante, y tomar decisiones de cómo queremos hacerlo desde el prisma educativo.

EJERCICIO

Encontrar ese equilibrio no siempre es fácil, aún menos cuando queremos hacer la tarea educativa en red y aparecen las divergencias.

Por ello, puede ser útil detectar estas esferas de influencia y tomar acuerdos de cuáles son los objetivos pedagógicos de las intervenciones las intervenciones y el acompañamiento educativo.

¿Cómo se interrelacionan y qué peso tienen cada una de estas dimensiones cuando hablas de sexualidad y porno con adolescentes?

¿En qué crees que debe basarse tu acompañamiento? ¿Necesitas cambiar algo?

Una mirada educativa y feminista del porno

Bajo el paraguas del feminismo se incluyen distintas miradas alrededor del porno. Nosotras te compartimos la nuestra, desde la cual entendemos que, aplicar una mirada feminista al acompañamiento del consumo de porno en adolescentes significa...

* Mirar de manera positiva la curiosidad por la sexualidad en cualquier etapa de la vida.

* Reconocer que las representaciones de la sexualidad contribuyen a consolidar y construir un imaginario individual y colectivo alrededor del sexo. Debemos tener en cuenta y no menospreciar su papel en la reproducción y en la consolidación del modelo de sexualidad hegemónico, las normas de género y la erotización de la violencia contra las mujeres y otros sujetos feminizados.

* Aceptar el papel socializador que actualmente tiene el porno durante la adolescencia. Asumir que probablemente lo mirarán y se excitarán con sus contenidos, que precisamente están pensados para eso. Comprender que no desaparecerá a corto plazo y que como educadoras y familias tenemos la posibilidad de acompañarlo, si hemos establecido un buen vínculo.

* No moralizar, no juzgar ni criminalizar el consumo de pornografía. Esos mecanismos, que a menudo buscan evitar su consumo, lo que hacen en realidad es fomentar la culpa, impedir la conversación y nos hacen perder nuestra potencial referencialidad.

* Saber cómo y qué consumen y explorar sus referentes para hablar de ello con fundamento y no caer en ideas preconcebidas.

* Hacer una buena alfabetización pornográfica. Eso quiere decir abordar de forma crítica y educativa los contenidos pornográficos y cómo se construyen. Para hacerlo, debemos ofrecer herramientas y espacios de diálogo, de debate y de reflexión sin tabúes, que estimulen el espíritu crítico.

* Reflexionar conjuntamente sobre el impacto que puede tener un consumo habitual de porno en edades tempranas en las experiencias se-

127

xuales: en las expectativas, la imaginación, el descubrimiento de los propios deseos, la relación con el propio cuerpo y el del resto (baja autoestima, frustraciones, inseguridades...), la exploración de nuevas prácticas, la erotización de la violencia, la creación de imaginarios poco realistas (por ejemplo, por lo que respecta a la duración del sexo, las erecciones, las eyaculaciones...), etc.

* No imponer un discurso, darles voz y partir de la escucha y la curiosidad por sus opiniones.

* Tener en cuenta a las chicas como posibles consumidoras de porno, y evitar alimentar la culpa y la estigmatización que pueden vivir por romper con un mandato de género que les niega la posibilidad de excitarse y masturbarse, aún menos con esos contenidos.

* Ofrecer recursos que no se basen en valores machistas para cubrir la curiosidad por el sexo, la sexualidad y la excitación: materiales educativos, literatura erótica, y otros tipos de representaciones.

* No trabajar únicamente los contenidos pornográficos, sino incluir otras representaciones de la sexualidad que aparecen en películas, series, videojuegos, etc. que también reproducen el modelo hegemónico. Podemos hacerlo utilizando sus propios referentes.

* Promover habilidades psicológicas y sociales como la empatía, la comunicación, el respeto, la autoestima, el respeto a la diversidad... que contribuyan a construir unas relaciones saludables y libres de violencia.

* Trabajar para la prevención, detección y abordaje de las violencias sexuales.

* Adecuar el discurso y las propuestas educativas a la edad, y no poner en el mismo saco a criaturas y a adolescentes. Aunque todas sean menores de edad, sus necesidades y niveles de madurez son distintos y, por lo tanto, también lo deben ser el discurso y la propuesta educativa que hacemos de acompañamiento de la pornografía.

* Por último, una mirada feminista al acompañamiento del consumo de porno en adolescentes significa integrar esta temática en todo un proceso de educación sexual mucho más amplio. Eso pasa necesariamente por romper con el tabú de la sexualidad y ofrecer respuestas desde los entornos educativos a todas sus dudas.

La alfabetización pornográfica

La alfabetización pornográfica consiste en acompañar a adolescentes y jóvenes a desarrollar una mirada crítica ante los contenidos sexuales que puedan consumir, así como hacerlos conscientes del impacto que pueden tener en la percepción de la sexualidad. El objetivo es ofrecer herramientas para que ellas mismas sean capaces de detectar los mitos, estereotipos y violencias que se reproducen en ellos (Gallach, David, *et al.*, 2023).

Más allá de trabajar los contenidos del porno, esa alfabetización deberá ir acompañada de una buena educación audiovisual, en un momento en el que las imágenes y los vídeos son los principales canales de expresión y de comunicación. Eso implica facilitar herramientas para ayudar a interpretar, analizar y reflexionar sobre la manera en la que se construyen los mensajes visuales: qué mecanismos se utilizan para captar la atención, cuáles para reproducir estereotipos de género, cómo se cosifica, cómo se amplifican los cánones de belleza...

Ese acompañamiento no se fundamenta ni en la demonización ni en la prohibición de la pornografía, ni tampoco en la trivialización de su impacto. Es, en cambio, una propuesta adaptada al nivel de madurez de las adolescentes, con el objetivo de fomentar una mirada crítica, acompañarlas a construir su propio criterio y proporcionarles los conocimientos necesarios para comprender la ficción, con el objetivo de minimizar el impacto que esta puede tener en sus vidas. A su vez, estos elementos contribuirán positivamente a su desarrollo global y serán útiles en otras dimensiones de su vida.

A continuación, te sugerimos un guion para acompañar el proceso de alfabetización pornográfica y audiovisual, que puede servirte de referencia a la hora de crear espacios, conversaciones, materiales, dinámicas... que busquen estimular el espíritu crítico ante la pornografía hegemónica. El objetivo, sin embargo, es que sean las propias adolescentes quienes vayan elaborando las respuestas.

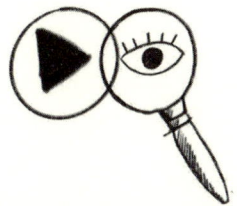

¿Qué función tiene el porno? ¿Puede ser educativo? ¿Por qué?

La función principal del porno es generar excitación sexual en la espectadora, no proporcionar educación sexual. A diferencia de los materiales educativos, que tienen como objetivo ofrecer información rigurosa y contrastada para favorecer el aprendizaje, el porno es una forma de fantasía creada con una finalidad recreativa, de entretenimiento. Por lo tanto, no puede ser considerada una fuente fiable de información sobre la sexualidad.

¿Qué significa que es un contenido para adultas?

Cuando se dice que un contenido es «para adultas», se hace referencia al hecho de que está pensado para personas con un nivel de madurez emocional, psicológica y cognitiva que les permite entenderlo en todo su contexto y gestionar sus impactos. Esos contenidos suelen incluir temas como la sexualidad, la violencia, las drogas o situaciones complejas que pueden ser difíciles de interpretar correctamente sin una experiencia o una capacidad de comprensión suficiente.

130

¿Cómo puede afectar a las criaturas ver esos contenidos?

Las criaturas pueden tener dificultad por gestionar este tipo de contenidos. Su nivel de madurez, información y experiencias vividas no ofrecen un marco de comprensión de esas imágenes, lo cual puede tener un impacto emocional. Asimismo, puede generar confusión, desinformación y falsas creencias en torno a la sexualidad.

¿Por qué la gente mira porno?

El porno está pensado para crear excitación sexual. Por lo tanto, mirarlo puede producir satisfacción y sensaciones agradables, lo cual hace que se quiera seguir viéndolo. Además, la industria de la nueva pornografía en línea busca obtener beneficios del porno y, por lo tanto, ha desarrollado estrategias de mercado para mantener la audiencia y potenciar su consumo.

¿Qué cosas positivas y negativas nos puede aportar consumir porno hegemónico en nuestra sexualidad?

Cosas positivas:
* Excitación y placer sexual.
* Descubrimiento de la propia sexualidad.
* Ampliación del imaginario de la sexualidad y las fantasías.
* Muestra de una diversidad que no está presente en otras representaciones.

Cosas negativas:
* Puede condicionar la vivencia de la sexualidad, distorsionando el ideal del sexo y generando falsas expectativas.
* Puede afectar negativamente a la autoestima y a la autoimagen en la sexualidad.
* Puede tener afectaciones en la respuesta sexual: si hay un consumo habitual, puede ser que haya una disminución del deseo fuera de las pantallas, una dificultad en la excitación o incluso en el orgasmo.
* Puede contribuir a generar una disminución de la empatía y una naturalización de la violencia.
* Al ser gratuita, podemos encontrar vídeos publicados o grabados sin consentimiento.

¿A todo el mundo tiene que gustarle o le tiene que excitar? ¿Podemos encontrar cosas que no nos gusten? ¿Cuáles?

La sexualidad de cada una es única, y las personas tenemos deseos, gustos, y nos excitan cosas diferentes. Algunas personas se excitan con la mayoría de porno, otras solo con unos contenidos, otras no lo miran porque no se ven representadas o porque no les interesa... En el porno podemos encontrar cosas que nos exciten, pero también otras que nos parezcan desagradables, asquerosas, violentas o discriminatorias. Por lo tanto, si decidimos ver porno, es importante que tengamos nuestro propio criterio y que podamos ser conscientes de nuestras decisiones y elegir qué contenidos vemos y en qué plataformas lo hacemos.

¿Debemos querer llevar a cabo nuestras fantasías y lo que nos excita?

Las fantasías son todas esas imágenes, pensamientos, creaciones ficticias, etc. que sirven de combustible para la excitación. Son positivas, ya que favorecen la satisfacción sexual y la conexión con una misma. A diferencia de los deseos, que nos hablan de lo que querríamos realizar, las fantasías no necesariamente se corresponden con lo que nos excita en la práctica, ni hace falta que se materialicen para ser satisfactorias. Por lo tanto, podemos excitarnos con algunos contenidos pornográficos sin que necesariamente queramos llevarlos a la práctica.

¿Cuál es el principal público del porno hegemónico? ¿Por qué es así?

Es principalmente un público masculino, aunque las chicas también lo miran y se excitan. De todas formas, la sexualidad que se representa en él responde a fantasías y deseos de los hombres cis heterosexuales, que son quienes dominan esta industria.

¿Qué modelo de sexualidad muestra el porno hegemónico?

Encontrarás la respuesta en el capítulo tres, en el apartado: ¿Qué modelo de sexualidad transmite el porno hegemónico?

¿Hay escenas violentas?, ¿cuáles?, ¿qué pensáis de ellas?

Encontrarás la respuesta en el capítulo tres, en el apartado: ¿Qué modelo de sexualidad transmite el porno hegemónico?

¿Qué significa que un producto audiovisual es ficción?

Una ficción es la creación de una historia guionizada que presenta situaciones, personajes y narrativas imaginadas, a veces de tipo realista. La diferencia con el género de no-ficción como, por ejemplo, los documentales, es que estos narran un suceso verídico previo a la filmación y los personajes son testimonios del mismo. El carácter aparentemente no codificado del cine realista de ficción es lo que establece una cierta credibilidad en la espectadora (Kuhn, 1991).

¿Qué expectativa de realidad tenemos sobre el porno?

El porno es un tipo de cine de ficción, generalmente de tipo realista. El peligro de esta forma de representación es que las espectadoras que lo miren no sean conscientes de que ese realismo es ficción y que lo interpreten con la misma expectativa de realidad que tienen cuando ven, por ejemplo, un documental o el telediario. Por otro lado, el hecho de que las imágenes sean aparentemente realistas hace que sea más difícil identificar que igualmente tienen detrás un conjunto de decisiones de puesta en escena y punto de vista totalmente direccionadas y subjetivas.

¿Nos podemos relacionar de forma diferente con él?

Laura Mulvey (1988), a partir de la crítica feminista del cine, nos propone una nueva manera de relacionarnos con lo audiovisual: liberarnos de la identificación con el relato para poder crear una distancia con las imágenes que nos permita analizarlas de forma crítica y posicionarnos ideológicamente. En el porno hegemónico, es interesante poder tomar esa distancia y reconocer cómo las narrativas y los códigos de representación utilizados perpetúan opresiones y estereotipos.

¿Qué códigos de representación se utilizan en el porno hegemónico?

Los códigos de representación cinematográficos en la pornografía hegemónica son los recursos visuales, narrativos y técnicos que construyen y refuerzan significados sobre la sexualidad, el cuerpo y las relaciones de poder. Algunos de ellos son: la cosificación, que consiste en representar a una persona que se encuentra en una situación de opresión sin voluntad ni capacidad de agencia. La fragmentación, que es la representación de los cuerpos compartimentados sin la unidad de sujeto. La objetualización, es decir, la asociación de las mujeres a objetos de consumo. La exotización, que genera representaciones de la alteridad que resultan lejanas y no desde una posición de igualdad. Y el voyerismo, que es la idea de mirar a la otra y su intimidad desde una posición de distancia, a menudo sin su consentimiento o sin ser vista, con el objetivo de obtener placer o satisfacción. El porno utiliza estas y otras estrategias para consolidar un relato sobre la sexualidad que tiene las siguientes características:

Focalización en el placer masculino y genital
* Planos cortos y prolongados de cuerpos de las mujeres fragmentados (pechos, nalgas, genitales). Esa separación del conjunto del cuerpo las reduce a objeto sexual.
* Primeros planos de los genitales que refuerzan la objetualización y consolidan la centralidad de estos en el placer sexual.
* Poca focalización en el placer o en las sensaciones de las mujeres.
* Los hombres como sujetos de la acción. A menudo, el cuerpo masculino queda parcialmente fuera de plano, y se destaca solamente el pene y se ocultan otras partes del cuerpo (como la cara) (Morales, Paola, 2019).

Narrativas lineales centradas en el orgasmo masculino
La mayoría de los vídeos pornográficos siguen una estructura narrativa concreta donde el inicio es, en algunos casos, la presentación de los personajes y los primeros contactos y prácticas sexuales (besos, sexo oral…), el nudo es la penetración y el desenlace o la culminación siempre es el orgasmo masculino (la eyaculación). Este se presenta como el clímax inevitable del acto sexual, relegando el placer de la otra a un papel secundario o inexistente (Rodríguez, Maria, 2023).

133

Representación estereotipada de la masculinidad y la feminidad

* Hombres activos, dominantes, con control total de la situación. En el caso de los hombres cisheterosexuales, se los muestra como cuerpos no penetrables. Su ano nunca aparece en pantalla.
* Mujeres pasivas, disponibles, seductoras, femeninas. Por ejemplo, un código visual recurrente para reforzar este hecho es la boca de las mujeres abierta constantemente, tanto en acciones explícitas (felación) como en planos donde no hay una necesidad narrativa para ello.

Normatividad corporal

* Los encuadres de los cuerpos de las mujeres se centran en las partes sexualizadas (pechos, culo, boca, genitales) y suelen evitar mostrar partes del cuerpo que puedan desviarse de los ideales estéticos normativos (como arrugas, cicatrices, celulitis, pelos o cualquier rasgo que no se ajuste al canon de belleza).
* Los penes tienen un papel central y suelen presentarse en primeros planos que exageran su tamaño mediante el ángulo de la cámara. A menudo se muestra una comparación visual con otros cueros, por ejemplo, con las manos o la boca de una mujer, para enfatizar su dimensión.

Cámara como mirada de poder

La cámara suele situarse desde la perspectiva del hombre y muestra un punto de vista que refuerza jerarquías de poder. Esto puede verse:

* En escenas de dominación, en las que la cámara se alinea con el personaje dominante.
* A menudo, las mujeres miran directamente a la cámara, simulando una interacción con el espectador masculino, reforzando la idea de que el contenido está hecho para su placer exclusivamente.

Punto de vista narrativo

El punto de vista del espectador es o bien la **mirada voyerista**, en la que este asume el papel de observador externo que mira las escenas sexuales y se encuentra fuera de la narración, o bien la **mirada subjetiva**, donde se muestra la acción como si fuera a través de los ojos de uno de los protagonistas, normalmente un hombre. Estos puntos de vista narrativos crean una inmersión directa en la acción y dan la sensación de que el espectador es parte de la situación.

Uso de escenarios hiperrealistas y ficcionales

* El porno hegemónico a menudo utiliza escenarios que parecen hiperreales (habitaciones, oficinas, etc.), pero se desconectan de la realidad. Eso potencia la desconexión entre el sexo y cualquier contexto relacional o emocional y refuerza la deshumanización y la objetificación de las personas implicadas.
* El objetivo de los decorados no es crear atmósferas cálidas o acogedoras, sino resaltar el acto sexual en sí mismo. Los colores suelen ser neutros o muy claros para no distraer la atención.
* Se acostumbran a usar espacios cerrados y con luz artificial, lo cual intensifica el efecto de artificialidad (Morales, 2019).

Ritmo y temporalidad uniforme

* Los ritmos y movimientos son lineales, rápidos, repetitivos y mecánicos, sin pausas ni momentos que sugieran intimidad, comunicación o descanso. Eso refuerza una imagen de actos sexuales basados en la resistencia física y en la satisfacción inmediata.
* Planos y cortes que alteran la noción del tiempo.
* Escenas que muestran prácticas y relaciones de larga duración.

¿Por qué afirmamos que no acostumbra a parecerse a las experiencias que tendremos?

Las relaciones sexuales, a diferencia del porno, se dan en un contexto relacional y en un entorno real que las condiciona. Las prácticas, el ritmo, la duración... tendrán que ver con las personas que participan en ellas y no con un guion preestablecido. Los gustos, los deseos, los imprevistos, la comunicación, etc. definirán qué pasará y qué no en cada relación sexual.

¿En qué pensáis que deben basarse las relaciones sexuales?

Cada persona debe descubrir qué elementos son importantes en sus encuentros sexuales. Aun así, hay algunos aspectos fundamentales, como el respeto mutuo, la comunicación y el disfrute.

¿Cómo funcionan las páginas web?, ¿y las categorías?, ¿qué creéis que fomentan?

¡Encontrarás la respuesta en el capítulo tres!

¿Sabéis cómo funciona la industria?

Encontrarás la respuesta en el capítulo tres, en el apartado: ¿Cómo funciona la industria pornográfica?

¿Qué cambiaríais del porno?

Esta es una pregunta abierta que nos permite trabajar con las adolescentes y jóvenes su capacidad crítica y fomentar la creación de alternativas y propuestas para abordar el porno con ellas.

11. ¿QUÉ DEBES SABER SI QUIERES HABLAR DE PORNO CON ADOLESCENTES?

Si has llegado a este punto del libro, seguro que ya sabes muchas cosas sobre el porno. Conocerlo es elemental para poder hablar de él desde una mirada educativa. Las adolescentes y jóvenes son muy rápidas a la hora de darse cuenta de que saben más que nosotras, y para contrarrestar eso, te invitamos a armarte de coraje y seguir investigando. Puedes probar a entrar en algunas de las plataformas más conocidas sobre porno y ojearlas para entender cómo están distribuidas, cómo funcionan, cómo son los títulos de los vídeos, cuáles son las categorías, cómo son técnicamente los montajes...

Y, sobre todo, te proponemos que hables de ello con las adolescentes. Que les preguntes desde la curiosidad y el no-juicio si consumen porno, que indagues qué contenidos miran, que te fijes en el vocabulario que usan para referirse a él, que observes si es un factor que aporta poder dentro del grupo de iguales...

Ah, y cuando hables del tema, ten en cuenta que si hay palabras que no sabes qué quieren decir, ¡lo mejor es preguntar! Definitivamente, ellas son quienes más información tienen sobre lo que miran, y hablar de ello abiertamente es la mejor manera para evitar prejuicios y adaptar nuestra respuesta educativa en función de sus necesidades.

Vocabulario del porno hegemónico

A continuación, por si te sientes *boomer* y te has dado cuenta de que toda esta realidad te queda lejana, te dejamos un pequeño glosario de las palabras que usan las jóvenes, que puede serte útil para comprender algunos de los conceptos que utilizan para referirse a la sexualidad y a todo el universo de la pornografía.

Advertencia: muchos de los nombres que se utilizan y el tipo de prácticas que se describen tienen claras connotaciones machistas, racistas y gordófobas. Cuando hablamos con adolescentes y jóvenes, podemos aprovechar para cuestionarlo.

A4: también conocida como el perrito, es una postura para realizar una penetración. Una de las personas se pone a cuatro patas y la otra se sitúa detrás de ella con las rodillas o los pies en el suelo y mirando hacia la misma dirección.

AMATEUR: tipología de vídeos sexuales muy populares grabados por personas que no son actores o actrices porno (o que justo están empezando a serlo).

ANAL: término que se utiliza para referirse a una penetración anal. También puede usarse para hacer referencia a otras prácticas vinculadas con el ano, como la estimulación externa, sexo oral, etc.

BDSM: siglas que hacen referencia a prácticas sexuales en el marco de las prácticas no normativas y que consisten en juegos vinculados a los roles de ama y esclava o prácticas relacionadas con causar o recibir dolor. Son las siglas de: Bondage, Disciplina, Dominación, Sumisión, Sadismo y Masoquismo. Estas prácticas se dan en el marco de pactos y protocolos de seguridad que se definen, entre otras, en las siglas SSC (Seguro, Sensato, Consensuado).

BLOWJOB: (del inglés; en castellano, «mamada»). Sexo oral hecho a un pene, es decir, la acción de estimular con la boca el pene de una persona.

BUKKAKE: del japonés; en castellano, «rociar» o «salpicar»). Práctica en la que un grupo mayoritariamente de hombres eyaculan sobre una mujer, aunque en el porno gay lo hacen sobre otro hombre.

CREAM PIE: (del inglés; en castellano, «pastel de crema»). Práctica popularizada por el porno que se da cuando la vagina, después de una eyaculación interna, expulsa el semen a través de contracciones de los músculos del suelo pélvico.

CUBANA: nombre que se usa para referirse a una práctica sexual que consiste en hacer una masturbación a un pene con los pechos.

DILDO: juguete sexual en forma de cilindro que sirve, entre otros, para penetrar la vagina o el ano.

DOBLE PENETRACIÓN: práctica sexual donde se realiza una penetración vaginal y/o anal con dos objetos, con dos penes o con un objeto y un pene. Tiene dos variantes: puede realizarse una penetración con dos objetos en el mismo orificio o una penetración simultánea, una en la vagina y otra en el ano.

FACIAL: práctica sexual que implica una eyaculación de un hombre en la cara de una mujer o un hombre, en el caso del porno gay.

FISTING: (del inglés *«fist»*, que significa 'puño'). Práctica sexual que consiste en la introducción de un puño en el ano o en la vagina.

GANG BANG: (del inglés; en castellano, «banda»). Práctica de sexo grupal en la que aparecen un grupo de personas de un género (sean hombres o mujeres) que tienen relaciones con otra persona (generalmente de otro género), ya sea por turnos o de forma simultánea, y sin una interacción mutua.

GONZO: Palabra utilizada en las producciones pornográficas para designar vídeos donde el cámara o el director intervienen en la escena.

HENTAI: es un término japonés que hace referencia a un tipo de contenidos pornográficos del género de *anime* o manga.

INTERRACIAL: escena sexual donde intervienen miembros de distintas «razas», principalmente actores y actrices negras.

LANA RHOADES: nombre artístico de una exactriz porno muy conocida entre los grupos de jóvenes. Actualmente está retirada de la industria.

MADURA: Categoría de vídeos porno donde aparecen mujeres de mediana edad generalmente con un atractivo físico normativo.

MIA KHALIFA: nombre artístico de una exactriz porno. Durante su corta carrera se convirtió en una de las actrices más vistas del porno del momento y su figura generó controversia, principalmente en Próximo Oriente, porque grabó un vídeo con un hijab. Aparte, fue despedida de Playboy por mostrar apoyo a Palestina después de un bombardeo israelí. Además, ella ha reclamado la retirada de sus vídeos de las webs pornográficas y ha iniciado una campaña para eliminarlos de las redes y recuperar sus derechos de imagen.

MILF: (del inglés; acrónimo derivado de la expresión *Mother I'd like To Fuck*, en castellano, «madre follable»). Hace referencia a una categoría de porno

139

donde se practica sexo con mujeres de mediana edad, generalmente con un atractivo normativo.

SUGAR DADDY, SUGAR MOMMY: (del inglés). Hace referencia una persona adulta y con un marcado poder adquisitivo que proporciona ingresos económicos o materiales a personas más jóvenes a cambio de una relación afectiva e incluso sexual a través de plataformas de *sugar dating*. Suele ser percibido por las jóvenes como un intercambio, pero es importante reconocer la desigualdad de poder y las condiciones y riesgos de estas relaciones.

TRANSGENDER: (del inglés; en castellano, «transgénero»). En el mundo del porno, hace referencia a una categoría donde aparecen personas trans, principalmente mujeres, pero también algunos hombres.

PORNHUB: Canal o *tube* de vídeos pornográficos gratuitos.

POV: (acrónimo del inglés *Point Of View*; en castellano significa 'punto de vista'). Hace referencia al tipo de vídeos pornográficos grabados desde el punto de vista del hombre, quien sujeta la cámara.

PUSSY LICKING: (del inglés; en castellano, «cunnilingus»). Hace referencia a la práctica sexual consistente en hacer sexo oral a una vulva.

LLUVIA DORADA: Es una práctica sexual que consiste en orinar sobre la otra persona.

SCISSORS: (del inglés; en castellano, «tijeras»). Práctica sexual que hace referencia al frote entre vulvas, aunque es una práctica que se podría hacer con cualquier tipo de genital.

SPANKING: (del inglés; en castellano significa 'nalgada' o 'azote). Práctica que hace referencia a dar azotes o nalgadas en un contexto sexual.

SQUIRT: (del inglés, en castellano, «chorro»). Es un líquido transparente proveniente de la vejiga, de composición similar a la orina pero mucho más diluido, y que las personas con vulva pueden expulsar a través de la uretra durante la actividad sexual.

STRAIGHT GUYS: : (del inglés; en castellano significa 'jóvenes heterosexuales'). Es una categoría de pornografía principalmente vista en el porno gay que hace referencia a tener relaciones sexuales con hombres heterosexuales.

TWINK: (del inglés; en castellano significa 'jovencitos'). Es una categoría de pornografía muy vista en el porno gay que hace referencia a tener relaciones sexuales con personas jóvenes e inexpertas.

VOYEUR: (del francés; derivado del verbo «ver»). Hace referencia a los contenidos pornográficos en los que una persona mira a otras mientras tienen relaciones sexuales en un contexto supuestamente íntimo y sin ser vista.

XNXXX: Canal o *tube* de vídeos pornográficos gratuitos.

XVIDEOS: Canal o *tube* de vídeos pornográficos gratuitos.

YOUTUBE NARANJA: #youtubenaranja es un *hashtag* que se usa en TikTok para referirse a Pornhub y esquivar la censura.

Efectos y riesgos del consumo de porno hegemónico

Como hemos dicho, es imprescindible ofrecer una buena educación sexual y debemos asegurarnos de que no se centre únicamente en abordar la pornografía. De forma paralela, debemos analizar qué tipos de consumo de porno están haciendo y detectar posibles conductas de riesgo o efectos negativos e intervenir desde una perspectiva educativa.

Tipos de consumo de pornografía

A grandes rasgos, podemos distinguir cuatro tipos distintos de consumo de pornografía según la frecuencia y el impacto que tienen en la persona que la mira (Villena, Alejandro, 2024).

* **Accidental:** la adolescente entra en contacto con la pornografía de forma accidental. Si no la ha visto nunca antes, el primer consumo puede producir un fuerte impacto y es posible que aparezcan reacciones y emociones contradictorias, como por ejemplo, una mezcla de vergüenza, asco y excitación. Es probable que no vuelva a haber un consumo de pornografía.

* **Esporádico:** la adolescente entra en contacto con contenidos pornográficos de forma ocasional y hay una distancia temporal entre consu-

mos, por ejemplo, una vez cada dos meses. El consumo de estos contenidos puede interferir en la percepción de la sexualidad, pero no se hace un uso habitual de ella.

★ **Consumo habitual:** la adolescente entra en contacto con contenidos pornográficos de manera habitual en su día a día y pueden aparecer algunos de los efectos negativos derivados de su consumo, aunque no haya una falta de control en su comportamiento. Se normaliza su consumo en el día a día y se puede utilizar para la gestión de emociones como la frustración, la rabia, la tristeza o el aburrimiento.

★ **Consumo de riesgo:** la adolescente entra en contacto con contenidos pornográficos de manera compulsiva. Hay una falta de control sobre el consumo, se desarrolla una tolerancia a los vídeos y se necesita cada vez más exposición, frecuencia o contenidos más fuertes y violentos. Este tipo de consumo puede tener un impacto negativo en el ámbito social, en las relaciones personales, en el ámbito académico... Además, pueden aparecer dificultades en la salud mental y física.

Efectos y riesgos del consumo de pornografía

Cuando las adolescentes y jóvenes acceden a estos contenidos hegemónicos, pueden aparecer algunos efectos en mayor o menor medida dependiendo del contexto y de la persona. Los efectos deseados son los que se buscan activamente con el consumo; los efectos negativos son esas consecuencias no deseadas que pueden ser perjudiciales para la persona; y, finalmente, los riesgos son consecuencias potenciales que pueden presentarse cuando el consumo es problemático.

Los **efectos deseados** de ver porno son los que buscan obtener una excitación sexual intensa, una estimulación rápida que satisface el deseo y una ampliación del imaginario de las fantasías sexuales. El cerebro, con el consumo de pornografía, libera dopamina y activa los sistemas de placer y recompensa, lo cual genera una gran satisfacción.

Más allá de los efectos deseados, no hay una lista exhaustiva de los **efectos negativos y de los riesgos** específicos que puede tener mirar pornografía, ya que no puede establecerse una relación directa causa-efecto y muchas de las posibles repercusiones están estrechamente vinculadas a la sociedad patriar-

EL PORNO AL DESNUDO

cal en la que vivimos, a la sobreexposición a la violencia en el mundo digital y al consumo de referentes que reproducen mitos machistas sobre el amor romántico y la sexualidad. Aun así, entendiendo que los efectos son multicausales, es interesante tenerlos en cuenta para trabajarlos desde una mirada educativa cuando se pueda para detectarnos y derivarlos a otros profesionales de la psicología y de la sexología cuando sea necesario.

Además, debemos tener en cuenta que los efectos del consumo de pornografía serán distintos en función de la tipología de contenidos que se miran y del grado de violencia que aparece.

Posibles efectos negativos relacionados con el consumo de pornografía que se pueden trabajar en el ámbito educativo:

* Adquisición de fantasías sexuales y de un imaginario sexual impropio de su edad.
* Creación de un imaginario sexual vinculado principalmente a prácticas y relaciones que implican dominación y violencia.
* Normalización de las relaciones sexuales entre menores y adultos y de las relaciones intrafamiliares.
* Disminución de la empatía hacia las otras personas y aumento de la insensibilización hacia el dolor ajeno.
* Asunción de los roles y estereotipos de género representados en el porno.
* Efectos negativos en el autoconcepto y en la autoimagen personal en la sexualidad (sobre el propio cuerpo, los genitales, las prácticas...).
* No distinción entre la noción de realidad y de ficción y asunción crítica del modelo sexual de la pornografía
* Uso de vocabulario sexualizado y de conceptos derivados del porno

> **Posibles riesgos asociados al consumo del porno que pueden ser tratados por profesionales de la sexología o de la psicología si se instauran como dinámicas recurrentes y limitantes:**

Dificultades en el autoconocimiento y la masturbación.
* Dificultad por masturbarse sin pornografía.
* Masturbación compulsiva con contenidos pornográficos para gestionar emociones como el estrés o la frustración.

Dificultades en la respuesta sexual.
* Falta de deseo en la experiencia de la sexualidad fuera de las pantallas.
* Dificultad o falta de excitación en la experiencia de sexualidad fuera de las pantallas.
* Dificultad para llegar al orgasmo en la experiencia de la sexualidad fuera de las pantallas.

Dificultades en las relaciones personales en el ámbito sexual.
* Reducción y rechazo de momentos de intimidad en las relaciones afectivosexuales.
* Incapacidad de mantener relaciones sexuales.
* Aislamiento o incapacidad de conectar emocionalmente.

> **Indicadores de un uso problemático de la pornografía:**

* Si cada vez se necesita más cantidad de porno, más frecuencia o contenidos más fuertes para obtener un mismo nivel de excitación sexual.
* Si el deseo de consumirlo genera angustia.
* Si se experimenta malestar al no poder acceder al porno.
* Si se abandonan otras actividades (amistades, trabajo o estudios) para mirar pornografía.
* Si no hay una capacidad de control sobre la conducta.
* Si se sigue consumiendo pornografía de forma reiterada a pesar de detectar sus efectos negativos.

Posibles problemáticas relacionadas con las violencias sexuales digitales:

Debemos tener en cuenta que el consumo de porno puede derivar a usos de otras plataformas o aplicaciones de mayor interacción sexual. En esos espacios pueden darse situaciones de violencias sexuales digitales. Por ejemplo, *grooming* sexual, *sexpreading*,[22] *deepfakes*, acoso en línea, contacto con redes de trata... En esos casos, será necesario que actuemos con rapidez protegiendo a las personas afectadas y siguiendo los protocolos estipulados. Algunos servicios de atención a las violencias digitales que nos pueden ayudar son:

* **Fem Bloc:** línea feminista de atención y apoyo ante las violencias digitales.
* **Acoso Online:** web con información y asesoramiento sobre cómo denunciar situaciones de violencia digital <https://acoso.online/>
* **Canal prioritario:** web de la Agencia Española de Protección de Datos donde se puede denunciar la presencia de contenidos sexuales o violentos en cualquier plataforma y se gestiona su eliminación.

145

---

22. El *sexpreading* es una forma de violencia sexual que consiste en difundir fotografías con contenido sexual de otras personas sin su consentimiento.

12.¿CÓMO HABLAMOS DE PORNO EN CASA?

Las familias son un agente educativo imprescindible para la educación de las adolescentes, aunque en esta etapa nuestra relación con ellas puede volverse complicada. A pesar de los obstáculos y dificultades que puedan surgir en el vínculo, las adultas de la familia son las personas más cercanas que tienen y son un modelo y referente para ellas. Lo que se dice, lo que no se nombra, y, sobre todo, cómo se actúa, tiene un peso fundamental en su aprendizaje. Por ese motivo, es interesante que nos preguntemos, por ejemplo, cómo nos tratamos en casa, si hay respeto hacia los límites, cómo abordamos la intimidad, qué temas son tabú, etc.

En este libro hacemos una distinción entre el acompañamiento a adolescentes, por un lado, y a criaturas, por otro. Asimismo, en la práctica, esta división puede ser difícil de establecer, y decidiremos intervenir de una u otra forma en función de cada persona, de su momento vital y del nivel de madurez que tenga.

Como familias, debemos ser conscientes, también, de las barreras que tenemos a la hora de hablar de sexualidad y procurar que no nos frenen. Al mismo tiempo, es normal que nos cueste reconocer que nuestra criatura se está haciendo mayor y podemos tener una cierta tendencia a pensar que aún no es el momento de hablarle de cuestiones relacionadas con la sexualidad. Llegadas a este punto, sin embargo, podemos recordar que la educación sexual empieza en la primera infancia y cuanto antes hablemos del tema y rompamos el tabú, mucho mejor.

El rol de las familias

Como familias, proponemos asumir un rol activo al acompañar el consumo de porno, centrado en:

I. **Ofrecer educación sexual desde la infancia:** debemos romper el tabú y hablar de sexualidad desde bien pequeñas e ir adaptando los contenidos en función de la edad y la curiosidad de la criatura o adolescente. Si aún no has empezado, ¡nunca es tarde para hacerlo! Haber iniciado esa educación sexual nos permitirá abordar más fácilmente la pornografía.

2. **Hacer una gestión de las pantallas en casa:** acordar límites y normas de uso y ser un ejemplo positivo.

3. **Procurar que los contenidos pornográficos hegemónicos, así como otras representaciones machistas de la sexualidad, lleguen cuanto más tarde mejor,** asumiendo las limitaciones que tenemos: no todo está en nuestras manos y no debemos tender al control.

4. **Estimular una mirada crítica de las representaciones de la sexualidad.**

5. **Acompañar el consumo de pornografía:** poder hablar de ello con naturalidad y adaptar nuestra respuesta en función de la edad y del tipo de consumo que se esté dando.

6. **Detectar e intervenir en situaciones problemáticas o de riesgo.**

7. **Ofrecer recursos educativos alternativos sobre sexualidad.**

147

Situaciones cotidianas

En este punto, te planteamos un conjunto de situaciones relacionadas con el porno que tal vez te hayas encontrado en tu día a día, así como algunas recomendaciones para poder acompañarlas.

> **Situación 1**

Mi hija tiene trece años y me apetece hablar con ella de sexualidad y explicarle qué es el porno, porque considero que tiene que saberlo por la edad que tiene.

* ⋆ Identifica qué emociones te genera el tema y qué es lo que te mueve a actuar.

* ⋆ Si lo que te mueve es el miedo, recuerda que es normal tenerlo. Dale espacio, pero no dejes que se apodere de ti. No lo puedes controlar

todo, confía en tu hija y estate disponible para acompañarla en lo que haga falta.

* ¿Habéis hablado sobre sexualidad en casa antes? Si lo habéis hecho, será más fácil sacar el tema. Si no, tal vez sea más incómodo.

* Valora en qué momento está ella. ¿Crees que tiene interés por la sexualidad?, ¿le da vergüenza hablar de ello contigo?, ¿se siente cómoda o incómoda? ¿Sabes si ha visto porno alguna vez?

* Valora en qué momento está vuestro vínculo. ¿Te está rehuyendo y rechazando cuando sacas el tema?, ¿o sigue queriéndote escuchar?

* Recuerda que no eres el único agente que interviene con tu hija. Puedes preguntarle si ha hablado de sexualidad o de porno en el instituto.

* Puedes optar por abrir un espacio donde hablar del tema, o decidir sacarlo de pasada y que sea ella quien vaya a buscarte si quiere saber más.

* Puedes aprovechar noticias, series o programas como oportunidades para hablar sobre ello y normalizarlo.

* Si eliges tener una conversación, te recomendamos:

   ✓ Reconocer que es un tema tabú y exponer tus propias emociones: «Mira, a mí también me da un poco de vergüenza, pero creo que es importante que podamos hablarlo...».

   ✓ Hablar con la máxima naturalidad posible.

   ✓ Pensar qué quieres decirle e informarte previamente si tienes dudas sobre algunas cosas.

   ✓ No presuponer que es heterosexual, que le interesa la sexualidad, que ha visto porno...

   ✓ Comunicarle tu intención y observar si es bien recibida.

   ✓ Si no es bien recibida, puedes decirle: «Entiendo que no quieras hablar conmigo de este tema ahora, pero quiero recordarte que si tienes cualquier duda o necesitas lo que sea me lo puedes preguntar y estaré aquí para ayudarte».

   ✓ Si es bien recibida, mantén una actitud de escucha. No juzgues e intenta generar un espacio donde pueda expresar sus opiniones. ¡Recuerda que las adolescentes tienen criterio!

   ✓ Comparte dudas, inquietudes y experiencias y haz red con otras familias.

✓ Puedes utilizar un montón de recursos que te dejamos al final del libro y que te ayudarán a conducir las explicaciones y ofrecerle a ella la posibilidad de encontrar respuestas de forma autónoma.

Situación 2

Sé que se han compartido contenidos de porno en el grupo de WhatsApp de la clase de mi hijo de primero de la ESO porque me lo ha dicho un padre del instituto.

* Antes que nada, puedes hablar con tu hijo y hacerle saber que te ha llegado esa información. Puedes preguntarle si es habitual que se pasen ese tipo de contenidos por el grupo de la clase e indagar cómo le hacen sentir.
* Esta situación, aunque no lo parezca, es una oportunidad para hablar de sexualidad y de pornografía.
* Aprovecha para crear un espacio para hablar de sexualidad, explicarle qué son las relaciones sexuales, hablarle de la dimensión emocional de la sexualidad, del consentimiento y del respeto a los límites.
* Pregúntale si sabe qué es la pornografía. Puedes incidir en la idea de que es un contenido pensado para personas adultas, que lo que se ve en ella es ficción y que es natural si ha sentido curiosidad por mirarla. Depende del tipo de contenido que haya visto, puedes desmontar algunos mitos: el tamaño de los genitales, la duración de las relaciones, la agresividad de los vídeos...
* Es importante crear un espacio que no sea un interrogatorio y donde no haya juicios. Debe verte como a alguien con quien puede hablar de ese tema. Recuérdale que estás ahí para resolver cualquiera de sus dudas y ayudarla si lo necesita.
* Intenta evitar que se extienda el pánico entre las familias y que se culpabilice y demonice al adolescente que lo ha enviado.
* Conjuntamente con el padre que te lo ha enseñado, puedes hablar con la tutora del grupo para que genere un espacio en clase donde hablar de sexualidad y de porno y donde acordar algunos límites en el uso del grupo de WhatsApp.

149

* Esta situación puede darse también con criaturas. Cuando son más pequeñas, con las primeras exposiciones involuntarias, es importante que indaguemos qué han visto y preguntarles si lo han entendido. Muy a menudo, cuando les llegan contenidos sexuales no entienden bien lo que está pasando y, dependiendo de la práctica, podrían vincularlo a algo doloroso o agresivo. Es importante que les expliquemos que el objetivo de la sexualidad es disfrutar desde el respeto mutuo.

Situación 3

He abierto la puerta de la habitación de mi hije de catorce años sin llamar y le he pillado viendo porno en su habitación con el móvil.

* Para empezar, intenta respirar y mantener la calma. Acaba de darse una situación incómoda y tal vez no sea el mejor momento para abordarla. Recuerda que una reacción en caliente puede ser contraproducente.
* Identifica cómo te sientes; por ejemplo, si sientes miedo, incomodidad, vergüenza, frustración, decepción, sorpresa...
* Evita caer en el alarmismo y en los juicios.
* Puedes reconocer que has roto su espacio de intimidad y encontrar un espacio para hablar de cómo lo podéis hacer en casa para respetarla: «¿Tenemos que cambiar algunas dinámicas que teníamos hasta ahora?». «¿Quieres que llame a la puerta?».
* Plantea otro espacio donde hablar sobre sexualidad y porno. Si ya lo has hablado antes con elle, te será más fácil; si no lo has hecho nunca, es un buen momento para empezar. Recuerda que no tiene que ser «La conversación», sino un proceso que justo acaba de empezar. Te recomendamos:
    * Reconocer que es un tema tabú y exponer tus propias emociones: «Mira, a mí también me da un poco de vergüenza, pero creo que es importante que lo podamos hablar...».
    * Hablar sin emitir un juicio y con la máxima naturalidad posible.
    * Indagar sin interrogar para saber qué tipo de consumo está haciendo y cuáles son los motivos de este para poder ajustar la respuesta.

* Iniciar un proceso de alfabetización pornográfica: encontrarás toda la información sobre este concepto en el capítulo diez, en el apartado de alfabetización pornográfica.
* Explicar los riesgos y cómo gestionarlos para hacer un consumo responsable.
* Negociar límites y normas con relación al uso de pantallas.
* ¡No estás sola! Investiga si en el instituto han dado charlas sobre sexualidad y si elle está hablando del tema en otros espacios y con otras personas.

Situación 4

Detecto que mi hijo de dieciséis años hace un consumo habitual del porno hegemónico.

151

* Ten en cuenta que su edad y el hecho de haber tenido (o no) experiencias sexuales son elementos importantes para el acompañamiento del consumo de porno.
* Evita el alarmismo y los juicios.
* Háblalo con él; intenta crear espacios en los que el tema no sea un tabú.
* Infórmale sobre los posibles efectos negativos y riesgos del consumo de porno hegemónico e invítale a reflexionar sobre si cree que el visionado que está haciendo le está afectando de alguna manera.
* Acompáñalo en el proceso de toma de decisiones si hay aspectos de su consumo que le gustaría cambiar.
* Invítale a tener una perspectiva crítica con el porno que mira: ¿hay violencia?, ¿es un porno respetuoso?, ¿qué criterios utiliza para elegir los vídeos?
* Inicia un proceso de alfabetización pornográfica: encontrarás toda la información sobre este concepto en el capítulo diez, en el apartado de alfabetización pornográfica.
* Propón hábitos de bienestar digital y ofrece recomendaciones para un uso saludable de las pantallas.
* En caso de que sea menor de edad, se le pueden ofrecer materiales educativos sobre sexualidad para que pueda resolver sus dudas. Si ya

es mayor de edad y está haciendo un consumo de porno recurrente, se puede valorar la posibilidad de ofrecerle alternativas al porno hegemónico, como los libros o novelas eróticas, o incluso una suscripción a páginas de pornografía ética.

* Haz un seguimiento de la situación y ten en cuenta que, si se complica, puedes derivar el caso a algún profesional de la psicología o la sexología.

VOZ EXPERTA.
La gestión de las pantallas

Para concretar algunas estrategias para la gestión de las pantallas hemos querido hablar con Sònia Rubio, de EDPAC, una cooperativa especializada en la tarea educativa en los ámbitos de drogas, entornos digitales y consumo crítico. Trabaja generando espacios de reflexión crítica para la transformación de hábitos y acciones que promuevan la salud individual, colectiva y social.

¿Qué herramientas concretas y estrategias nos pueden servir para regular los usos de las pantallas de criaturas y adolescentes?

Tener un posicionamiento trabajado sobre las pantallas y los entornos digitales en casa es importante, un proyecto digital familiar: tenemos que decidir activamente qué pantallas queremos en casa y qué usos queremos que se les dé (no hacen falta todas, ni hacen falta para todo, ni hacen falta a todas horas), especialmente en lo cotidiano. Se trata de un proyecto constante en el tiempo, que nos debe incluir también a las personas adultas y a nuestros usos, ya que somos modelos y referentes. Desde pequeñas, será necesario que trabajemos los usos del tiempo (cantidad, cuándo sí y cuándo no), los espacios donde se usan (comunes, dónde sí y dónde no), las prácticas, los contenidos que queremos y cómo ocupan el tiempo libre y ocio alternativo a las pantallas. Si bien los controles parentales pueden ser útiles para algunas edades y algunas funciones (como regular el tiempo y controlar no a qué acceden, sino qué accede a ellas), también pueden dificultar el trabajo de fondo: educar para que integren herramientas y recursos propios y promocionar su autonomía y toma de responsabilidades.

Con las adolescentes, los entornos digitales toman protagonismo en relación con su desarrollo identitario (quién soy, cómo me muestro, qué me interesa) y relacional (grupo de iguales, referentes, orientaciones). Es importante que estemos presentes y nos interesemos también por qué contenidos y discursos consumen. No perdamos de vista trabajar también la dimensión crítica de las pantallas: procuremos que identifiquen los mecanismos micro y macro (tanto tecnológicos como sociales) que usan las empresas proveedoras para garantizar un uso el máximo de «compulsivo» y automático posible y establecer una dependencia de sus productos. Mantengamos hábitos básicos de higiene digital, prácticas de autocuidados y procuremos que tengan espacios de desconexión de calidad.

153

¿Cómo nos puede servir la educación en el uso de las pantallas a la hora de regular el acceso a los contenidos pornográficos?

Nuestra tarea será conseguir que sean ellas las que gestionen, desarrollando su propio criterio, el acceso y la relación que quieren con los contenidos pornográficos digitales. Con relación a los entornos digitales y la sexualidad, es interesante que trabajemos en aspectos que nos impliquen a toda la familia:

* Eduquemos sobre qué plataformas digitales usamos, desde las redes sociales a los videojuegos o a los consumos de audiovisuales: ¿cuáles elegimos, y con qué crite-

rio? ¿Son éticas y tienen prácticas empresariales transparentes? ¿Qué mecanismos utilizan y qué impacto tienen (puedo desactivar funciones, gestionar perfiles con seguridad, qué hacen con nuestros datos, etc.)? ¿Qué tipo de contenidos promocionan y me sugieren?

* Eduquemos sobre qué prácticas digitales queremos tener, desde nuestra presencia en los entornos digitales, al ocio, al cuidado de las relaciones: ¿qué me gusta ver y con qué interacciono, y cómo lo hago? ¿Cómo trato a las personas con quienes me relaciono, conocidas y desconocidas? ¿Respeto sus ritmos de respuesta, pido permiso para compartir imágenes o contenidos? ¿Tengo estrategias para cuidarme?

Las dos estrategias anteriores consolidarán las bases y nos abrirán el camino para educar sobre el consumo de pornografía en entornos digitales: ¿nos cuestionamos en qué plataformas lo consumimos y cómo se ha hecho? ¿El tipo de pornografía que me sugieren tiene que ver con mis gustos o se trata de contenido *mainstream*? ¿Está hecha teniendo en cuenta el consentimiento de todas las partes? ¿Elijo cuándo la quiero consumir? Y muchas otras preguntas que irán surgiendo.

13. ¿CÓMO HABLAR DE PORNO EN EL AULA?

El rol de los espacios educativos

Los centros de educación obligatoria son agentes esenciales en el acompañamiento de la sexualidad y en la educación sexual de las adolescentes. Tal como hemos analizado, esa tipología de contenidos forma parte del currículum y, por ley, debe integrarse en el itinerario educativo. Los institutos como espacios de educación formal obligatoria tienen unas potencialidades que no ofrecen otros espacios educativos. Por un lado, permiten intervenir con una gran parte de la población adolescente y, por el otro, ofrecen la oportunidad de hacerlo desde el vínculo cotidiano. En la intervención educativa en el instituto es esencial que pongamos el foco en construir una relación educativa basada en la confianza, el diálogo abierto y la referencialidad con el alumnado, elementos clave para un acompañamiento educativo significativo.

Aparte de los espacios de educación formal, los espacios no formales como los espacios jóvenes, proyectos de educadoras de calle, centros abiertos, centros residenciales, agrupaciones de ocio y tiempo libre, centros de extraescolares, etc. ofrecen también muchas posibilidades para poder acompañar la sexualidad. Los vínculos que se generan con las educadoras acostumbran a ser más cercanos, vivenciales y significativos que los que se generan con el profesorado del instituto. En los proyectos que incluyen cotidianidad y convivencia, la relación educativa resulta muy estrecha y se dan espacios de tiempo muerto en los que el aburrimiento genera oportunidades educativas muy interesantes. Además, la posibilidad de estar presentes en el día a día permite hacer un seguimiento de las jóvenes y adolescentes y poder ver y acompañar sus procesos.

Tanto en el ámbito educativo formal como en el no formal, la sexualidad y el porno no deben ser un tabú. Como profesorado y como educadoras tenemos que celebrar que las adolescentes hablen del tema y alegrarnos de que

155

nos elijan para exponernos cualquier duda, inquietud o situación. Todo lo que podamos responder nosotras, contribuirá a contrarrestar el bombardeo informativo que reciben por múltiples medios, y es importante que no perdamos esa ocasión. Al mismo tiempo, también podemos tener un papel clave en la detección e intervención de situaciones de riesgo.

Igual que en el ámbito familiar, en el mundo educativo es importante diferenciar el abordaje de la pornografía según la edad de las criaturas y adolescentes. Debemos tener en cuenta que la intervención variará según cada persona, su nivel de madurez y las situaciones concretas que se hayan producido en el aula o en el contexto de intervención.

* **Criaturas:** es poco frecuente que haya habido un consumo de pornografía a esas edades, y si lo ha habido, probablemente, es minoritario y, a menudo, involuntario. En consecuencia, el acompañamiento no siempre debe pasar por el grupo y se recomienda una intervención individual que se centre en indagar qué contenidos ha visto y si los ha entendido. También podemos incidir en la idea de que el porno es una ficción pensada para personas adultas, que no representa las relaciones sexuales de forma realista y donde, a menudo, se ve violencia. Es importante aprovechar para naturalizar la curiosidad y mostrarnos disponibles si tiene dudas sobre la sexualidad. Paralelamente, debemos pensar de qué manera queremos regular el acceso y el uso de las pantallas en los entornos educativos.

* **Preadolescentes:** a partir de 5º y 6º de primaria, lo más posible es que haya oído hablar de la pornografía, aunque no la hayan visto nunca. Nos tenemos que centrar en ofrecer espacios donde puedan preguntar, resolver dudas y satisfacer su curiosidad sobre la sexualidad. Tenemos que poder detectar si hay alguna criatura que esté haciendo consumo de porno y procurar desmentir los mitos y concepciones que pueda haber sacado de él. Paralelamente, debemos pensar de qué manera queremos regular el acceso y el uso de las pantallas en los entornos educativos.

* **Adolescentes:** a partir de 1º o 2º de la ESO y en adelante, es probable que encontremos una gran diversidad de situaciones en el aula respecto al porno: personas que han oído hablar de él, pero no saben exactamente qué es; otras a quienes les ha llegado algún vídeo o imagen de

manera indirecta; o incluso personas que han buscado esos contenidos de forma activa o que hacen un consumo habitual de ellos. Por eso, es esencial que continuemos creando espacios de diálogo en los que hablar sobre sexualidad y empezar a trabajar la alfabetización pornográfica para fomentar una mirada crítica acerca de esos contenidos. También es importante abordar la gestión de los riesgos asociados al consumo de porno, así como sus posibles efectos negativos y riesgos. En paralelo, a esas edades, tenemos que acordar normas claras para el uso de las pantallas y, al mismo tiempo, respetar la intimidad digital.

Actividades educativas

A continuación, encontrarás un conjunto de dinámicas para aplicar en el aula y también en otros contextos educativos. Algunas te servirán para abordar el tema de la pornografía y el resto te ayudarán a trabajar otros aspectos relacionados con la sexualidad. La mayoría de las propuestas que hacemos surgen de nuestra práctica educativa, pero no son recetas mágicas que funcionen siempre ni en todos los contextos. Por ello, te recomendamos que antes de hacer cualquier actividad te hagas algunas preguntas sobre el grupo con quien vas a trabajar, el contexto que lo engloba y la intervención que llevarás a cabo.

El contexto

* ¿El proyecto en el que trabajo está implicado en incorporar la educación sexual de forma transversal?
* ¿Qué barreras puedo encontrarme a la hora de hacer educación sexual?
* ¿Hay resistencias entre las familias para incorporar la educación sexual? ¿Por qué motivos?
* ¿Hay recursos en el territorio que aborden cuestiones de sexualidad? ¿Los conozco?
* ¿Se ha dado alguna situación/conflicto específico en el territorio que condicione la visión de la sexualidad?

El grupo

* ★ ¿Es un grupo estable o se crea para la intervención?
* ★ ¿De dónde surge la idea de hablar de porno o de sexualidad? ¿Lo han pedido ellas, se ha dado alguna situación que lo requiera, es nuestra idea...?
* ★ ¿Han mostrado interés por el tema?
* ★ ¿Qué necesidades tienen?
* ★ ¿Cómo es el grupo (edad, género, orientaciones sexuales, religión, cultura, capacidades y dificultades...)?
* ★ ¿Se me despiertan prejuicios? ¿Cuáles?
* ★ ¿La composición de grupo genera oportunidades o dificultades? ¿Cuáles?
* ★ ¿Qué dinámicas tienen (liderazgos, respeto, confianza...)?
* ★ ¿El grupo ha trabajado previamente temas relacionados con la sexualidad y el porno?
* ★ ¿Se han vivido situaciones de discriminación o violencia (machismo, LGTBI-fobia, racismo, capacitismo, gordofobia...)? ¿Dentro o fuera del grupo?

La intervención

* ★ ¿Cuáles son los objetivos de la intervención?
* ★ ¿Es puntual o continuada? ¿De cuánto tiempo dispongo?
* ★ ¿Qué contenidos quiero trabajar?
* ★ ¿Tengo en cuenta los intereses y las necesidades del grupo? ¿Cómo los puedo saber?
* ★ ¿Qué temas pueden ser controvertidos?
* ★ ¿Las dinámicas del taller pueden suponer alguna barrera (de movilidad, cognitiva...) en la participación de algunas personas?
* ★ ¿Cómo se pueden adaptar?
* ★ ¿Cómo se puede complementar la intervención?
* ★ ¿Qué características debe tener el espacio?

Una vez respondidas las preguntas, y antes de empezar las actividades sobre sexualidad, te recomendamos que hagas una buena introducción con el grupo, que te presentes y que dediques un rato a conocer a las adolescentes o jóvenes que tienes delante (si no tienes un vínculo previo con ellas). Puedes hacer un juego para romper el hielo y también dejar un espacio para dar la bienvenida a todas las emociones, incluidas la vergüenza, la incomodidad o el asco. Te recomendamos usar un lenguaje cercano al suyo y evitar algunos formalismos.

Por último, te invitamos a enmarcar la intervención a través de tres acciones:

* Establecer conjuntamente unos pactos que faciliten el diálogo dentro del grupo y eviten actitudes discriminatorias.
* Explicitar la diversidad de interés que puede existir sobre el tema y no obligar a la participación.
* Ofrecer la posibilidad de abandonar el espacio o pedir ayuda si aparece algún malestar.

Listado de actividades:
* **Actividad 1.** ¿Mito o realidad?
* **Actividad 2.** Sexo de película
* **Actividad 3.** Fuera de escena
* **Actividad 4.** Pornopinión
* **Actividad 5.** ¡Reescribamos la sexualidad!
* **Actividad 6.** ¡Elige tu aventura!
* **Actividad 7.** El consentimiento
* **Actividad 8.** Sexualidad, pantallas y violencias
* **Actividad 9.** La caja de preguntas
* **Actividad 10.** Cuestionario individual sobre el consumo de pornografía

159

ACTIVIDAD 1
¿Mito o realidad?

OBJETIVOS
* ★ Adquirir una mirada crítica sobre la pornografía y su impacto
* ★ Desmontar mitos, estereotipos y falsas creencias sobre la sexualidad asociadas a la pornografía.

EDADES
A partir de 3º de la ESO (quince años).

Recomendamos elegir las frases en función de la edad y adaptar la dinámica teniendo en cuenta si en el grupo hay personas que han consumido pornografía y si es un tema presente en el aula.

MATERIAL
Tarjetas con los mitos.

DINAMIZACIÓN
Dividimos el grupo en cuatro subgrupos y les damos el conjunto de tarjetas con las afirmaciones que tenéis a continuación. Cada grupo deberá clasificarlas según si cree que son un mito o una realidad. Una vez hayan terminado, cada grupo pondrá en común el resultado de su clasificación. Aprovecharemos para escuchar sus opiniones, abrir debate y hacer preguntas para estimular la reflexión y cuestionar las falsas creencias.

IDEAS CLAVE
Para acompañar la reflexión, puedes utilizar las premisas que encontrarás en el capítulo diez, en el apartado de alfabetización pornográfica.

Sexualidad	
Mito	**Realidad**
✓ El sexo consiste en hacer primero sexo oral, después penetración y acabar con un orgasmo.	✓ Durante las relaciones sexuales es importante fijarnos en las caras y los gestos de la otra persona para saber si está a gusto.
✓ Las relaciones sexuales, para ser satisfactorias, duran mínimo treinta minutos.	✓ La sexualidad de cada persona es única y no a todo el mundo le gustan las mismas cosas.
✓ En el sexo solo gimen las chicas.	
✓ En el sexo todo fluye, las palabras sobran.	✓ Los pelos de los genitales protegen y mantienen la temperatura y la humedad.
✓ El sexo sin preservativo se disfruta más.	
✓ A todas las chicas les gusta que les cojan del pelo durante el sexo.	✓ Los genitales son muy distintos entre ellos: no hay dos iguales.
✓ Si el sexo no es fuerte o duro, no es placentero.	✓ Pegar a la otra persona durante el sexo sin habernos comunicado antes es un acto violento.
✓ Cuando alguien eyacula (le sale el semen o el *squirt*) siempre sale mucha cantidad.	✓ Una relación sexual se acaba cuando alguien tiene ganas de parar.
✓ En una relación sexual siempre tiene que haber penetración.	✓ Con el sexo oral se pueden transmitir infecciones.
✓ Con un pene grande puedes dar más placer.	✓ Cuando una persona le hace sexo oral a otra también lo tiene que disfrutar.
✓ En el sexo, el rol dominante siempre lo debe ejercer el hombre.	

161

Porno

Mito	Realidad
✓ Los gemidos que se hacen durante el sexo son de dolor. ✓ Las chicas no ven porno. ✓ Los penes que salen en los vídeos porno son representativos de los que vemos fuera de las pantallas. ✓ El sexo que sale en las pelis y series es similar al de fuera de las pantallas. ✓ Los cuerpos de los actores y actrices porno se parecen a los que vemos fuera de las pantallas. ✓ Los actores y las actrices porno ganan mucho dinero.	✓ El porno lésbico lo miran principalmente chicos. ✓ En el porno puedes encontrar vídeos subidos sin consentimiento. ✓ La pornografía es una ficción pensada para generar excitación sexual. ✓ El porno no nos sirve para aprender a tener sexo. ✓ En el porno gay se reproducen también los roles de dominación y sumisión. ✓ En algunos vídeos porno las mujeres se muestran como objetos sexuales. ✓ El porno es un montaje con un guion preestablecido. ✓ En la mayoría del porno se muestran relaciones heterosexuales. ✓ En el porno podemos encontrar escenas de violencia hacia las mujeres.

ACTIVIDAD 2
Sexo de película

OBJETIVOS
* Adquirir una mirada crítica de las representaciones de la sexualidad en los referentes audiovisuales.
* Reflexionar sobre el impacto que ese modelo de sexualidad tiene en las expectativas propias.

EDADES
A partir de 3º de la ESO (quince años).

MATERIAL
Bolígrafos.
Cuestionarios impresos.

DINAMIZACIÓN
Repartimos los cuestionarios y pedimos que se respondan de forma individual. Les explicamos que son anónimos. Una vez respondidos, hacemos una puesta en común y les invitamos a compartir reflexiones.

Preguntas para guiar el debate:
* ¿Cuál es el modelo de sexualidad que se representa en la mayoría de las series y películas? ¿Qué aparece? ¿Qué no aparece?
* ¿Tiene alguna influencia en la manera como vivimos la sexualidad?
* ¿De qué manera se representa la diversidad en las series y las películas? ¿Las personas que salen de la norma son protagonistas? ¿Cómo son sus experiencias? ¿La historia del personaje que representan gira en torno a su condición no normativa? ¿Su sexualidad tiene la misma presencia que la de las personas normativas?

IDEAS CLAVE

* Las series y películas, así como el porno, contribuyen a crear un modelo de sexualidad normativo que limita el descubrimiento de la propia sexualidad.

* Lo que aparece acostumbra a ser: cuerpos normativos, blancos, centralidad de la penetración, ausencia de comunicación y métodos de protección, cisheterosexualidad, etc.

* Esta falta de diversidad en los referentes consolida el ideal de qué y quién es deseable y sujeto de deseo.

* No hay ningún tutorial ni vídeo que nos pueda enseñar a tener relaciones sexuales y la mejor manera de aprender a tenerlas es a través de la experiencia y por medio de incorporar la comunicación con una misma y también con las otras personas.

* Es interesante erotizar la comunicación antes, durante y después de los encuentros eróticos y preguntar: ¿qué te gusta?, ¿estás bien?, ¿quieres que sigamos?, ¿te está gustando?, ¿más arriba?, ¿más abajo?, ¿más rápido?, ¿más flojo?, etc.

¿Has visto alguna vez series, películas o vídeos donde aparezcan imágenes o escenas eróticas o sexuales? Por ejemplo, personajes ligando, dándose besos, teniendo relaciones sexuales, etc.

☐ Sí

☐ No

¿Cuáles?

Si piensas en alguna de esas escenas...
¿Las personas hablan de sexo antes o durante las relaciones sexuales?

☐ Sí

☐ No

¿Se preguntan si están a gusto o se dan indicaciones sobre cómo darse placer?

☐ Sí

☐ No

¿Hay algún imprevisto o interrupción como: ataques de risa, a alguien se le escapa un pedo, se tropieza, se le atasca la ropa...?

☐ Sí. ¿Cuáles?:

☐ No

¿Utilizan métodos de protección de ITS o de embarazos en algún momento de la relación sexual?

☐ Sí. ¿Cuáles?:

☐ No

¿Has visto alguna escena sexual que no sea heterosexual?

☐ Sí. ¿En qué serie, película, página...?:

☐ No

¿Has visto alguna escena sexual donde aparezcan personas trans?

☐ Sí. ¿En qué serie, película, página...?:

☐ No

¿Has visto alguna escena sexual donde aparezcan personas que no sean blancas?

☐ Sí. ¿En qué serie, película, página...?:

☐ No

¿Has visto alguna escena sexual donde aparezcan personas gordas?

☐ Sí. ¿En qué serie, película, página...?:

☐ No

¿Has visto alguna escena sexual donde aparezcan personas con diversidad funcional, como por ejemplo, personas que usan silla de ruedas, o con discapacidad visual, auditiva o intelectual?

☐ Sí. ¿En qué serie, película, página...?:

☐ No

¿Has visto alguna escena sexual en la que haya violencia?

☐ Sí. ¿En qué serie, película, página...?:

☐ No

¿Quién ejerce y quién recibe la violencia?

¿Crees que ver la sexualidad representada en series, películas y vídeos puede influir en tu manera de entender la sexualidad?

☐ Sí

☐ No

¿Cómo?

¿Crees que podemos aprender a tener relaciones sexuales a través de esos vídeos?

ACTIVIDAD 3
Fuera de escena.
Adaptación de Calvo (2023).

OBJETIVOS

* Tomar conciencia sobre el proceso de creación de contenidos fotográficos y audiovisuales.
* Analizar la pornografía como producto audiovisual en cuya producción intervienen decisiones creativas (guion, edición, montaje...).

EDADES

A partir de 1º de la ESO (doce años).

MATERIAL

Móviles/ordenadores.
Hojas de papel.
Bolígrafos.

DINAMIZACIÓN

Dividimos el grupo en cinco subgrupos. Cada grupo tendrá una o dos imágenes o vídeos para analizar. En función de la edad o de la afinidad del grupo, podemos utilizar materiales que ellas hayan publicado en las redes sociales (Instagram, TikTok...), o bien una foto o un vídeo de alguna creadora de contenidos que sigan. A continuación, pedimos que construyan la historia de la foto o el vídeo a través de las siguientes preguntas:

* ¿Cómo es la imagen? Describidla.
* ¿Quién hizo la foto?
* ¿En qué contexto o entorno se hizo?
* ¿Cómo va vestida, peinada, maquillada... la persona? ¿Cómo y con qué objetivo se decidió?
* ¿En qué posición está la persona? ¿Qué transmite?
* ¿Desde qué ángulo está hecha? ¿Qué se busca con esa perspectiva?

167

* ¿Cómo es la iluminación? ¿Qué transmite?
* ¿Se usan filtros? ¿Cómo lo sabemos?
* ¿Qué se enseña en la foto? ¿Qué no se enseña?
* ¿Qué fotos previas crees que se hicieron y cuáles se descartaron?
* ¿Se parece a otras imágenes que hayáis visto antes? ¿En qué?
* ¿Creéis que si en esta imagen cambiáramos solo el género de la persona, transmitiría lo mismo? ¿Qué relación puede tener eso con los estereotipos de género?

Una vez respondidas las preguntas, invitamos a las adolescentes a poner en común alguna reflexión que hayan extraído de la dinámica. A continuación, les hacemos las siguientes preguntas:

* ¿Creéis que el porno es ficción? ¿Cómo lo sabemos?
* ¿Qué creéis que pasa antes, durante y después de la creación de un vídeo porno?

IDEAS CLAVE

* Detrás de cada imagen o vídeo que vemos hay un proceso de creación de contenidos fotográficos y audiovisuales.
* Cuando creamos contenidos (fotos, *selfies*, vídeos...) estamos tomando decisiones con el objetivo de dar una imagen concreta de nosotras mismas y de lo que queremos enseñar al mundo.
* El porno es un contenido audiovisual en el que intervienen una serie de decisiones a lo largo del proceso creativo: la selección de personal (probablemente en función de sus características físicas, su edad...), las condiciones de los contratos, la elección del contenido de la escena (probablemente en función de lo que tiene más visitas), las prácticas que se llevarán a cabo, la duración, los roles de cada personaje, las localizaciones, los planos y puntos de vista, los efectos que se usarán, etc. Si es una producción ética, se prevé también el cuidado de las personas que actúan durante el rodaje, si habrá la figura de la coordinación de intimidad,[23]

---

23. Las coordinadoras de intimidad son las profesionales que se encargan de planificar, supervisar y coreografiar escenas de intimidad, desnudos o contenido delicado en el mundo de las artes escénicas, el cine y la televisión.

si se dan las condiciones climáticas y ambientales donde se grabará la escena, si hay pausas, cómo son las comidas...

* Si las adolescentes preguntan por el porno amateur o casero podemos aprovechar la dinámica para que extrapolen a ese tipo de porno las reflexiones que se han hecho previamente sobre la edición de vídeos y fotos. Las personas que salen en vídeos caseros, aunque no sean profesionales, también toman decisiones sobre cómo hacer los vídeos, qué enseñar y qué no, qué prácticas hacer, cómo mostrar la realidad... Por lo tanto, detrás de cualquier grabación, hay un montaje. A menudo, las prácticas sexuales que se eligen cumplen los mandatos de la pornografía convencional y reproducen el mismo modelo.

ACTIVIDAD4
Pornopinión

OBJETIVOS
* Construir una opinión crítica sobre la pornografía hegemónica.
* Reflexionar sobre los efectos positivos y negativos asociados a su consumo.
* Adquirir estrategias para reducir los riesgos vinculados a su consumo.

EDADES
A partir de 1º de la ESO (doce años).

MATERIAL
Pizarra.
Rotuladores de pizarra.

DINAMIZACIÓN
Para introducir el tema, si no se ha hablado antes, podemos proyectar uno de estos dos vídeos:
* Desmuntant el porno, de Oh my goig (disponible en YouTube).
* Un fragmento del capítulo cuatro de la temporada dos del programa El punt D (disponible en 3Cat).

A continuación, pedimos al grupo que se expongan aspectos positivos y negativos de la pornografía hegemónica. Recogemos las aportaciones en la pizarra y vamos haciendo preguntas para comprender mejor qué están diciendo (quién, dónde, cómo, con qué, cuáles...), así como ideas y matices que permitan reflexionar y cuestionar las aportaciones. Para finalizar la dinámica, se puede hacer la siguiente pregunta:
* ¿Creéis que debería prohibirse el porno? ¿Sabéis si está regulado? ¿Creéis que se debería regular? ¿A partir de qué edad? ¿Por qué?

Ejemplo de tabla que podría salir en un grupo:

Positivos	Negativos
★ Podemos masturbarnos viendo porno y sentir placer. ★ El porno hace que te excites rápidamente. ★ Nos ayuda a descubrir nuestra sexualidad. ★ Nos enseña cosas sobre la sexualidad. ★ Vemos una diversidad que no está presente en otras representaciones. ★ Amplía el imaginario: nos ofrece ideas de cosas que podemos hacer. ★ Nos puede ayudar a descubrir fantasías o deseos.	★ Puede distorsionar la idea que tenemos del sexo. ★ Puede condicionar nuestra sexualidad. ★ Puede generar falsas expectativas y decepción en las relaciones sexuales. ★ Puede hacer que nos comparemos y nos sintamos mal con nosotras mismas. ★ Puede tener afectaciones en la respuesta sexual. ★ Si siempre miramos porno, nos puede costar masturbarnos sin mirarlo. ★ Nos puede ser más difícil tener fantasías propias. ★ Mirando porno hegemónico tal vez nos acostumbremos a la violencia. ★ Puede ser que disminuya nuestra empatía. ★ El porno hegemónico discrimina. ★ El porno gratuito a veces incluye vídeos no consentidos. ★ Podría llegar a hacerse un uso problemático del porno.

IDEAS CLAVE

* ⋆ Remarcar las pautas de **reducción de riesgos.** Por ejemplo: un aspecto positivo que pueden decir es la posibilidad de masturbarse a través de la pornografía, y una pauta para reducir sus riesgos puede ser decirles que es importante que introduzcan variedad, que no se acostumbren a tener el hábito de masturbarse siempre con porno, sino que puedan usar también la imaginación.

* ⋆ Pautas de reducción de riesgos:

    * ⋆ **Identificar por qué se consume porno:** qué necesidades queremos cubrir y cómo nos afecta.

    * ⋆ **Seleccionar los contenidos que se miran:** evitar que haya violencia o falta de consentimiento.

    * ⋆ **Alfabetización pornográfica:** puedes utilizar las premisas que encontrarás en el capítulo diez, en el apartado de alfabetización pornográfica.

    * ⋆ **Regular el consumo:** poner límites y diversificar las fuentes de placer, excitación sexual, relajación, distracción...

    * ⋆ **Evitar contenidos donde aparezcan abusos o violencia:** denunciar contenidos inapropiados.

    * ⋆ **Buscar otras fuentes de información sobre sexualidad:** libros, programas, series recomendadas, adultos de referencia...

172

ACTIVIDAD₅
¡Reescribamos la sexualidad!

OBJETIVOS
* Adquirir una mirada crítica sobre el modelo de sexualidad que transmiten los referentes culturales.
* Crear narrativas alternativas al modelo de sexualidad hegemónico basadas en la diversidad, el respeto hacia una misma y hacia las otras personas.
* Incorporar una visión inclusiva y saludable hacia la sexualidad desde el placer.

173

EDADES
A partir de dieciocho años.

MATERIAL
Juego de cartas erótico *Voluptas.*
Tarjetas de elementos y de comunicación.
Objetos.

DINAMIZACIÓN
Dividimos el grupo en cuatro o cinco subgrupos. Repartimos las cartas del juego Voluptas encima de una mesa. Por grupos, pedimos que construyan una historia donde aparezca una relación sexual. Para hacerlo, deberán coger cinco cartas del juego y un mínimo de cinco tarjetas, que incluyen: elementos, cartas de comunicación y objetos. A continuación, hacemos una puesta en común y cada grupo relata la relación que ha construido como si fuera una historieta: poniendo nombre a los personajes, explicando el contexto, las prácticas que hacen... Después de escuchar todas las historias, abrimos un espacio de reflexión para encontrar diferencias y similitudes entre ellas, a través de las siguientes preguntas:
* ¿En qué momento del día pasa la relación?

* ¿Cuál es el orden de las prácticas?
* ¿Hay siempre penetración?
* ¿Qué orientaciones sexuales e identidades de género aparecen?
* ¿Habéis cogido tarjetas de comunicación? ¿En qué momento las habéis puesto?
* ¿Hay interrupciones durante la relación sexual de la historia?
* ¿Cómo acaba el relato? ¿Qué papel tiene el orgasmo?
* ¿Qué tarjetas no ha cogido nadie (por ejemplo: pedo vaginal, boca seca, *gatillazo*, vergüenza, parar...)? ¿Podría pasar en una relación sexual?
* ¿Las escenas sexuales que habéis visto en las películas y series se parecen a las que habéis construido? ¿Por qué?

IDEAS CLAVE

174

* El modelo de sexualidad que muestran los referentes homogeneiza las experiencias y los deseos y condiciona nuestro imaginario y las expectativas que tenemos de las relaciones sexuales.
* Hay situaciones que no acostumbramos a ver en las películas ni forman parte del ideal que tenemos de una «buena cita», pero que son habituales en las relaciones sexuales y que debemos normalizar. A veces, por vergüenza, mantenemos una situación que no nos gusta, fingimos o evitamos hacer o decir algo que querríamos. Eso puede hacer que la relación pierda su sentido inicial: disfrutar, conectar y pasárnoslo bien.
* El sexo es como un juego, que varía según la persona con quien lo compartamos, y en el que pueden surgir imprevistos o cosas que no salgan como esperábamos. Pero eso no quiere decir que haya ido mal.
* La importancia de descubrir nuestros propios deseos a través del autoconocimiento, la experimentación, el ensayo-error, etc., más allá de esos modelos.
* La comunicación con una misma y la otra persona como un elemento fundamental en cualquier relación sexual saludable, que se puede introducir antes, durante y después del encuentro.
* La importancia de construir narrativas alternativas sobre la sexualidad para poder ampliar nuestro imaginario y crear un modelo de sexualidad más rico y diverso.

Tarjetas (tienen que estar repetidas para que todos los grupos puedan optar a ellas):

* **Elementos:** mañana, mediodía, tarde, noche, coche, cama, sofá, calle, lavabo, fiesta, miradas, excitación, vergüenza, miedo, nervios, emoción, comodidad, conexión, risa, placer, luz apagada, luz encendida, velas, música, alcohol, agua, quitarse la ropa, tropezar, dolor, parar, descansar, orgasmo, gemidos, boca seca, pedo vaginal, *gatillazo.*

* **Tarjetas de comunicación:** ¿qué te apetece?; ¿te está gustando?; ¿te lo has pasado bien?; ¿quieres que hagamos esto?; ¿quieres parar?; me apetece hacer...; quiero parar; sí; no; no lo sé; tal vez luego; más suave; más fuerte; más lento; más rápido; un poco más arriba.

* **Objetos:** juguetes, preservativo externo, preservativo interno, cuadrante de látex, lubricante.

175

ACTIVIDAD6
¡Elige tu aventura!

OBJETIVOS
* Tomar conciencia del proceso de toma de decisiones en las relaciones sexuales para mejorar la gestión de riesgos y placeres.
* Desarrollar actitudes responsables y respetuosas con una misma y con las otras a la hora de tomar decisiones.
* Reconocer la importancia de la comunicación, los acuerdos y el respeto de los límites en las relaciones.

EDADES
A partir de 1º de Bachillerato (dieciséis años).

MATERIALES
Fichas impresas.
Bolígrafos.

DINAMIZACIÓN
Repartimos una ficha «elige tu aventura» por parejas. Pedimos que miren la ficha y que elijan el camino que quieran. A continuación, pedimos que respondan a las siguientes preguntas:
* ¿Cuántas decisiones habéis tomado? Contadlas.
* ¿Pensáis que es una situación realista?
* ¿Creéis que normalmente somos conscientes de la cantidad de decisiones que se toman en un encuentro sexual? ¿A veces se dan por supuesto?, ¿cuáles?
* ¿En qué momentos de la historia pensáis que en la realidad se podrían haber dado reacciones diferentes a las opciones que teníais? ¿Qué podría haber pasado?
* ¿Qué papel ha jugado la comunicación en la historia?, ¿y el respeto?
* ¿Ha habido algún momento de negociación?, ¿cuál?

* ¿Creéis que tenéis toda la información para tomar decisiones consecuentes en relación con la protección de ITS y embarazos? ¿Qué necesitaríais saber?
* ¿Sabéis cómo se transmiten las ITS? ¿Y cómo nos podemos proteger?
* Si habéis tenido relaciones sexuales, ¿os gustaría cambiar o mejorar algo de la manera como abordáis la protección?

Para finalizar, hacemos una puesta en común en la que las distintas parejas comparten sus reflexiones y ofrecemos información sobre las ITS: vías de transmisión, métodos de protección, pruebas y estrategias para la reducción de riesgos. Si quieres ampliar la información, puedes visitar la web crema.cat (en catalán) y consultar el apartado ITS, anticoncepción y aborto.

IDEAS CLAVE

* La protección de ITS y embarazos no deseados implica un proceso de toma de decisiones y acuerdos compartidos. Deberemos tener toda la información para valorar los riesgos y ser consecuentes con los mismos.
* Es importante ser conscientes de que, si una de las dos personas quiere protegerse, su decisión deberá prevalecer. También tenemos que tener en cuenta que las consecuencias de no utilizar métodos de protección varían según el cuerpo de cada una; por ejemplo, no todo el mundo se expone a un embarazo no deseado.
* Forzar a una persona a tener relaciones sin protección es una forma de violencia sexual.
* La comunicación y el respeto de los límites en las relaciones son fundamentales, también a la hora de cuidar la salud sexual.
* Si una de las dos personas quiere detener la relación sexual, su decisión debe prevalecer.
* Estrategias para la reducción de riesgos si no se usan barreras de protección:
  * ✓ La depilación genital comporta más frote y una posible aparición de heridas y, por lo tanto, más riesgo. Además, si el pelo está creciendo puede dañar el método de barrera.
  * ✓ Hacerse pruebas de detección de ITS periódicamente si se ha tenido algún contacto de riesgo. Con la estimulación con

dedos, puño y juguetes debemos procurar evitar que hayan estado en contacto con los fluidos de la otra persona.
✓ Utilizar lubricante en el sexo anal para reducir el riesgo de heridas.
✓ Lavarse los genitales (solo con agua) y las manos antes y después de tener sexo. No hacerse duchas vaginales.
✓ Orinar después de tener sexo.

En el sexo oral:
✓ No lavarse los dientes antes ni después para evitar heridas, y no enjuagarse la boca con colutorios bucales ni otras sustancias que contengan alcohol.
✓ Observar que no haya llagas alrededor de la boca, los genitales o el ano.
✓ No eyacular en la boca o cerca de los genitales y el ano; si se eyacula en la cara, se debe evitar el contacto del fluido con los ojos.
✓ Si se eyacula en la boca, no tragarse el fluido.
✓ Con dolor de garganta, una llaga o herida en la boca, mejor no hacer sexo oral.

Por fin te has quedado a solas con la persona que te gusta. Te propone si quieres ir a su casa.

¡Sí! Me apetece mucho.

No, prefiero irme a casa.

Cuando llegáis a casa os miráis, te dice que le gustas mucho y tú le dices que a ti también te encanta. Os dais un beso.

Le sigo dando besos

Le propongo mirar una película.

Uy, se ha hecho tarde, ¡me voy para casa!

Nos estamos acariciando

Vemos una película.

Decido quitarme la ropa

Decido NO quitarme la ropa.

Estás muy a gusto y le preguntas a la otra persona: ¿estás a gusto o quieres parar?

Nos seguimos tocando por encima de la ropa.

Me dice que quiere seguir

Me dice que quiere parar.

STOP

¡Disfrutáis de la compañía y os vais a dormir!

Te propone hacer algunas prácticas que requieren protección. Habláis i decidís

NO! No protegernos.

YES! Protegernos.

Seguir dándonos besos y otras prácticas que no necesitan protección.

Estoy tranqui con la decisión

Estoy sufriendo y no consigo disfrutar y relajarme

¡Recordad periódicamente haceros pruebas de infecciones!

Podéis seguir algunos consejos para reducir los riesgos. ¡Recordad que no todas las prácticas tienen los mismos riesgos!

Os lo pasáis muy bien, dormís en su cama y al día siguiente te levantas. ¿Recordáis la decisión que tomásteis ayer?

Ostras, decidimos no protegernos ¿qué hacemos ahora?

Nos protegimos, pero se rompió el método

No nos protegimos en todas las prácticas

Estoy tranqui porque me protegí

Vais a buscar la pastilla de emergencia si no usásteis métodos o se rompieron haciendo una penetración pene-vagina

Vais a haceros pruebas de ITS si no usásteis métodos de protección o si se rompieron haciendo...

☐ Sexo oral
☐ Penetración pene-ano
☐ Penetración pene-vagina
☐ Frote entre genitales
☐ Uso compartido de juguetes sexuales

179

ACTIVIDAD 7
El consentimiento

OBJETIVOS

* Comprender la importancia del consentimiento en las relaciones sexuales y afectivas.
* Reconocer estrategias manipulativas o coercitivas en la negociación de las relaciones sexuales.
* Incorporar la idea de que el «no» es un límite legítimo que debe ser respetado.
* Aprender a utilizar una comunicación clara y respetuosa.

EDADES

A partir de 3º de la ESO (quince años).

MATERIALES

Bolígrafos.

DINAMIZACIÓN

Pedimos al grupo que se pongan por parejas y una de las dos personas coge un bolígrafo. Las instrucciones que damos son: la persona que no tiene el bolígrafo lo tendrá que conseguir, y la persona que lo tiene, no se lo puede dar. Solo pondremos un límite: no puede haber ningún tipo de contacto ni fuerza física. Después de tres minutos cambiaremos el rol, y la persona que tenía el bolígrafo lo tendrá que conseguir. A continuación, haremos las siguientes preguntas para conducir la reflexión grupal:

* ¿Quién ha conseguido el bolígrafo?
* ¿Cómo os habéis sentido diciendo que no?, ¿e insistiendo?
* ¿Qué rol ha sido más cómodo?
* ¿Qué estrategias habéis utilizado? (Podemos apuntar en la pizarra los ejemplos que pongan: lástima, chantaje emocional, amenaza, manipulación, estar en deuda…).

* ¿Quién no ha dado el bolígrafo? ¿Por qué?
* ¿Creéis que se podría hacer un paralelismo con la sexualidad? ¿Con qué tema? (ej. Tener relaciones sexuales, perder la «virginidad»...).
* Poned ejemplos de esas estrategias trasladadas a la sexualidad (ej.: «¿qué pasa, que ya no te gusto / no me quieres?»; «si no lo haces, tendré que buscarme a otra persona»; «el otro día ya me dijiste que no», «si no lo haces, todo el mundo se pensará que eres...»; «ya hace mucho que estamos juntos»; «todo el mundo lo ha hecho»; etc.).

IDEAS CLAVE

* La comunicación con una misma y con la otra persona es un elemento fundamental en cualquier relación sexual saludable.
* Es imprescindible respetar los límites y el ritmo de cada una. No siempre las necesidades de las personas coinciden y, por mucho que estemos juntas, si nos encontramos en momentos distintos, no podemos forzar a nadie a tener relaciones sexuales.
* Tomar conciencia de cómo actúa la presión de grupo y las creencias de a qué edad debemos tener relaciones sexuales.
* En cualquier momento de una relación sexual se puede parar. Hacer una práctica sexual con alguien no significa que queramos hacer otras, o empezar una cosa no significa «acabarla». Es importante que estemos cómodas en todo momento.

ACTIVIDAD 8
Sexualidad, pantallas y violencias

OBJETIVOS

* Identificar la comunicación, el consentimiento y el respeto mutuo como elementos clave en las relaciones sexuales y afectivas.
* Tomar conciencia sobre el uso responsable de las redes sociales en relación con la sexualidad.
* Adquirir prácticas digitales que garanticen la privacidad, la seguridad y el bienestar emocional.

182

EDADES

A partir de 1º de la ESO (doce años). Se adaptarán las explicaciones al nivel del grupo.

MATERIAL

Tablas en blanco para rellenar, tarjetas con situaciones.

DINAMIZACIÓN

Dividimos el grupo en tres subgrupos. Repartimos a cada grupo una tarjeta con una situación y un papel con el cuadro siguiente. Damos diez minutos para poder reflexionar sobre la situación en el grupo pequeño y completar el cuadro. A continuación, haremos una puesta en común que también puede servir para compartir y detectar situaciones que hayan vivido.

Situación. ¿Qué ha pasado?	¿Podría pasar? ¿Por qué canales?	¿Qué puede sentir la protagonista?	¿Qué podemos hacer en una situación así?	¿Qué podemos necesitar?

Situación 1: una conversación por Instagram en la que un desconocido envía una fotografía de su pene a una chica.

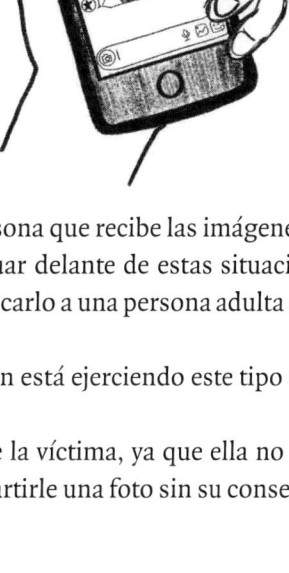

IDEAS CLAVE

* ⋆ Enviar fotos sexuales sin consentimiento es una forma de violencia.
* ⋆ En esta situación se pueden despertar distintas emociones: incomodidad, frustración, angustia, rabia, tristeza, miedo... Eso nos puede servir para promover la empatía hacia la persona que recibe las imágenes.
* ⋆ Podemos utilizar herramientas para actuar delante de estas situaciones: bloquear el perfil del remitente, explicarlo a una persona adulta de confianza, etc.
* ⋆ Es importante actuar si vemos que alguien está ejerciendo este tipo de violencia.
* ⋆ Poner el foco en la no culpabilización de la víctima, ya que ella no es responsable de que alguien decida compartirle una foto sin su consentimiento.

183

Situación 2: una conversación por WhatsApp entre dos personas que tienen sexo mediante el envío de imágenes.

IDEAS CLAVE

* ⋆ Diferenciar el sexteo del *sexpreading* (pornodifusión no consentida). El sexteo es una práctica sexual consentida en la que dos personas se envían mensajes a través del móvil, ya sea a través de texto o de imágenes, con el objetivo de excitarse y disfrutar. El sexteo, como cualquier

otra práctica sexual, puede llevarse a cabo en un ambiente de confianza, comunicación y placer.

* Evitar el juicio hacia esta práctica.
* Al ser una práctica que se lleva a cabo a través de las redes sociales, los contenidos compartidos pasan a estar en un espacio de difícil control por parte de quien lo utiliza.
* La intimidad de la persona se tiene que respetar aunque posteriormente haya una ruptura. El contenido de lo que se envió durante la relación sigue siendo privado.
* Algunas pautas para minimizar sus riesgos son:
    * Utilizar aplicaciones en las que no se puedan hacer capturas de pantalla de las fotografías.
    * Al enviar fotografías, evitar que salga la cara o alguna parte identificativa del cuerpo (una marca de nacimiento, un tatuaje...).
    * Borrar las fotografías de los móviles después de hacer la práctica.
    * Comunicarse siempre antes de hacer sexteo y establecer normas que hagan sentir cómodas a todas las personas participantes.

184

Situación 3: una conversación por Whats-App entre un grupo de chicos en la que uno de ellos comparte un vídeo donde aparece una compañera de clase desnuda.

IDEAS CLAVE
* Diferenciar el sexteo del *sexpreading* (pornodifusión no consentida). El caso que se expone es un caso de sexpreading. Este concepto define la práctica de compartir imágenes o vídeos sin el consentimiento de la persona que aparece en ellos. La

pornodifusión no consentida es una forma de violencia y está penada por ley.

* Responsabilización de todas las personas que participan en la difusión del contenido o no hacen nada por evitarlo.

* Evitar el juicio, la responsabilización o la culpabilización de la víctima del sexspreading. No es responsable de que alguien haya roto un pacto de confianza y haya enviado el vídeo o la imagen a otras personas. Culpabilizar a la persona agredida solo fomentará su vergüenza a la hora de explicar su situación y hará más difícil la identificación y la restauración del daño sufrido. Para ayudar a la no culpabilización de la persona agredida, se pueden utilizar otras soluciones como ejemplo: «Si alguien está en su casa, se deja el móvil sobre la mesa del comedor y uno de sus familiares lo mira, ¿pensaríamos que es su culpa?». En esta situación está claro que no, ya que se tendría en cuenta que existe un pacto de confianza e intimidad que hace que la persona deje el móvil en un lugar que considera seguro. El responsable es quien rompe ese pacto e invade la intimidad de la otra sin permiso.

* Pautas sobre cómo actuar en caso de recibir una imagen de esas características.

* Ser consciente de que quien reenvía el contenido o no hace nada por evitar su difusión también es cómplice de esa forma de violencia.

185

ACTIVIDAD9
La caja de preguntas

OBJETIVOS

* Resolver dudas e inquietudes sobre sexualidad.
* Normalizar la curiosidad por los temas relacionados con la sexualidad.

EDADES

A cualquier edad.

MATERIAL

Caja de preguntas.
Hojas de papel.
Bolígrafos.

DINAMIZACIÓN

Dejamos una caja vacía en el aula donde las adolescentes pueden poner preguntas anónimas sobre sexualidad. Las invitamos a que pregunten todas las dudas e inquietudes que tengan y a hacerlo desde el respeto. Les decimos que pueden hacer preguntas sobre muchos temas distintos: el cuerpo y los genitales, la masturbación, la menstruación, la pornografía, las prácticas sexuales... Podemos decidir dejar la caja durante varios días en el aula, o pedir al grupo que pongan las preguntas en diez o quince minutos. Una vez recogidas las preguntas, las respondemos de una en una.

IDEAS CLAVE

* Normalizar tener dudas sobre sexualidad. Es un tema tabú y es importante poder encontrar espacios donde resolverlas con alguna persona adulta con quien se tenga un vínculo educativo.
* Adaptar las respuestas y el lenguaje a la edad, las necesidades y el nivel de madurez del grupo.
* No presuponer quién hace la pregunta ni su orientación sexual.

* No juzgar a las personas y acompañar la curiosidad.
* Responder de forma concreta y a la vez aprovechar para introducir reflexiones más amplias.

ACTIVIDAD 10

Cuestionario individual sobre el consumo de pornografía

OBJETIVOS
* Adquirir una mirada crítica sobre los contenidos y posibles efectos del consumo habitual de pornografía.
* Mejorar la toma de decisiones con relación al consumo de pornografía.

187

EDADES
Este cuestionario está pensado para hacer con adolescentes a partir de 1º de la ESO o doce años que miren pornografía habitualmente en su día a día.

MATERIAL
Bolígrafos.
Cuestionarios impresos.

DINAMIZACIÓN
Esta herramienta sirve para la intervención individual con adolescentes y jóvenes que están haciendo un consumo habitual de pornografía y detectamos que debemos estimular su capacidad crítica y la autonomía en la toma de decisiones. Es necesario ofrecer el cuestionario en un contexto de no-juicio que favorezca un espacio de autorreflexión sincera. Una vez respondido, podemos abrir un espacio de diálogo por si nos quiere compartir alguna reflexión. El cuestionario se retomará un mes después de haberse respondido con la idea de que el adolescente o joven pueda evaluar si ha conseguido el objetivo que se marcó.

Este cuestionario es para ti, no lo leerá nadie, así que te invitamos a responder de forma sincera.

¿Cómo definirías la pornografía?

¿Qué emociones te despierta mirar porno? (puedes seleccionar más de una)
* Tranquilidad
* Excitación
* Alegría
* Angustia
* Nerviosismo
* Inseguridad
* Ganas de ver más
* Aburrimiento
* Otras: _____

¿A través de qué dispositivos miras pornografía? (puedes seleccionar más de uno))
* Móvil
* Tableta
* Ordenador
* Consolas
* Otros: _____

¿Estás a gusto con el consumo que haces?
☐ Sí
☐ No

¿Con qué frecuencia miras pornografía?
* Más de una vez al día
* Una vez al día
* Cada dos o tres días
* Una vez a la semana
* Entre una y tres veces al mes
* Muy de vez en cuando

¿Te gustaría reducir la frecuencia?
* No, está bien así.
* Sí, creo que veo demasiado porno.

¿Crees que tiene algún impacto negativo en tu día a día o en tu forma de entender la sexualidad? ¿Cuáles?
* Sí, me cuesta excitarme en situaciones fuera de la pantalla.
* Sí, me cuesta masturbarme sin contenidos pornográficos.
* Sí, creo que me han acabado pareciendo normales algunos contenidos violentos.
* Sí, creo que he interiorizado la imagen de que las mujeres son inferiores.
* Sí, porque creo que me apetece probar cosas que veo en el porno fuera de la pantalla y eso puede ser un problema.
* Sí, porque tengo complejos con mi cuerpo y mis genitales porque no son como los de los vídeos.
* No, no tiene ningún impacto negativo.

¿Te gustan los contenidos que miras?
☐ Sí. ¿Por qué?_____
☐ No. ¿Por qué?_____

¿Te gustaría cambiar los contenidos que miras?
☐ Sí. ¿Por qué?_____
☐ No.

¿Qué criterios utilizas a la hora de elegir un vídeo?

¿Hay contenidos que te parecen poco éticos o irrespetuosos?, ¿por qué?

189

¿Crees que en la pornografía que consumes se discrimina?, ¿a quién?

Si pudieras elegir, ¿cómo te gustaría que fuera el porno?

Después de responder estas preguntas, ¿hay algo que te gustaría cambiar del consumo de pornografía? Ponte un objetivo y revísalo dentro de un mes para ver si lo has cumplido.

14. PREGUNTAS FRECUENTES

Aquí tienes algunas ideas para dar respuesta a dudas y preguntas que te hagan criaturas, adolescentes y jóvenes sobre el porno. Aun así, recuerda que es importante poder hacer un trabajo más profundo con ellas sobre la sexualidad.

¿Qué es el porno? (criatura)

Tendremos que valorar hasta dónde explicamos, en función de la edad y del interés que muestre.

191

El porno son imágenes o vídeos de personas teniendo relaciones sexuales. Es una película, con actores y actrices, que está pensada para personas adultas. Se utiliza para excitarse y sentir placer, pero no sirve para aprender a tener relaciones sexuales. ¿Sabes por qué? Porque normalmente no se muestran las relaciones sexuales de manera realista, recuerda que es una película, y puede ser que a veces usen la violencia. Eso es importante saberlo, porque cuando las personas tienen relaciones sexuales lo hacen porque quieren pasárselo bien, no para tratarse mal o hacerse daño. Puede ser que algún día veas alguna de esas imágenes, que tengas curiosidad por saber cómo es, o incluso que las veas y no las entiendas, o que te parezcan desagradables. Todo eso es normal, no siempre estamos preparadas para mirarlo, ¿recuerdas que hemos dicho que está pensado para adultos? ¿Tienes alguna pregunta más? Ahora ya sabes que, si te surgen más dudas otro día, me puedes preguntar.

¿Qué es el porno? (adolescente)

El porno son imágenes o vídeos que muestran personas teniendo relaciones sexuales. Es una película, con actores y actrices, que está pensada para personas adultas. El porno no es un tutorial para aprender a tener relaciones sexuales, su objetivo es que las personas que lo miren se exciten.

Tal vez has escuchado la frase: «el porno es ficción». ¿Pero qué quiere decir? Significa que, como hemos dicho, hay un guion, unos personajes, una edición, un montaje... Por eso, si lo miras, no te puedes imaginar que muestra la realidad como lo hace un documental o un noticiario.

Si alguna vez ves porno, te recomendamos que seas crítica con sus contenidos, con su estructura... ¡que no te la cuelen! Puede ser que lo que veas te excite, pero tienes que ser consciente que el sexo que se muestra es exagerado y sesgado. Por ejemplo, puedes fijarte en qué tipo de cuerpos salen, qué roles tienen los hombres y las mujeres, qué categorías hay (por ejemplo, las categorías que hacen referencia a los cuerpos de las personas, a la «raza» o la procedencia...), cómo son los penes y las vulvas (el tamaño, los pelos, las erecciones, las eyaculaciones...), si hay diversidad de género y orientaciones sexuales... Además, es importante también que tengas una mirada crítica con las violencias y que las sepas identificar. Tal vez en algunos de los vídeos aparecen comportamientos agresivos, principalmente de los hombres hacia las mujeres, y a veces se ve como ellas ponen caras de sufrimiento o no les gusta lo que les están haciendo. Esas prácticas, cuando no hay consentimiento, son violencia sexual y por mucho que nos puedan excitar, no las tenemos que hacer en la realidad. Tal vez hayas escuchado que hay gente a quien le gusta jugar con el dolor y con el poder en el sexo. Pero ¡ojo!, es importante que sepas que haciendo esos juegos, aunque los deseemos, nos podemos hacer daño físico y emocional. Para hacer esas prácticas tiene que haber una relación de mucha confianza y de cuidados y un consentimiento explícito todo el rato. Tenemos que poder estar seguras de que podemos parar en cualquier momento y estar tranquilas para pedir que el juego se detenga.

Además, te sugerimos también que si ves porno te informes sobre las páginas que miras. La mayoría de webs que son gratuitas (por ejemplo Pornhub) tienen contenidos que han sido grabados y subidos sin consentimiento, ¡y han recibido muchísimas denuncias por ese hecho! Ten criterio y decide si quieres contribuir a esa industria o prefieres buscar contenidos alternativos (libros...).

Por último, es importante que sepas que si siempre miras porno para excitarte es posible que te cueste hacerlo sin. El porno es un estímulo muy fuerte que nos ayuda a pasar del cero al cien en pocos segundos. La excitación en las relaciones en persona, en cambio, puede ser muy distinta, ¡y además acostumbra a ir más lenta! Por eso, te proponemos que seas creativa y que incluyas variedad. Utiliza la imaginación y, si te masturbas, ¡no lo hagas siempre a través de vídeos!

¿Tienes alguna duda más?

¿Ver porno es malo?

¿Qué pensáis vosotras? ¿Qué cosas buenas y malas tiene?

El porno puede servir para excitarnos, sentir placer... Pero es importante que tengamos presente que:

* Lo que vemos es ficción, los personajes y las historias son inventadas, y se utilizan recursos audiovisuales para reforzar una idea concreta de sexualidad.
* No acostumbra a corresponderse con la experiencia de la sexualidad fuera de las pantallas.
* Puede condicionar nuestra idea de sexualidad y nuestras expectativas.
* No nos ayuda a estimular la imaginación. Si siempre vemos porno para excitarnos o masturbarnos, tal vez nos cueste hacerlo sin.
* Es importante ser críticas con los contenidos que aparecen y preguntarnos: ¿son violentos hacia alguien?, ¿todo el mundo está a gusto?, ¿qué sexualidad representan?, ¿utilizan métodos de protección?

193

¿Por qué dicen que el porno no es real?

Decimos que el porno no es real, sino una ficción, porque lo que se muestra en esos vídeos está decidido y creado para entretener, no para educar ni reflejar cómo son las relaciones sexuales. El porno no acostumbra a mostrar cosas importantes en las relaciones como la comunicación, el respeto mutuo y la protección. De hecho, en la mayoría de los vídeos, los chicos tienen un rol de dominación y son violentos con las otras personas. Al mismo tiempo, el porno muestra cosas de forma exagerada, como la duración de las relaciones y de las erecciones, el tamaño del pene, la cantidad de fluidos expulsados durante la eyaculación, los orgasmos, la rapidez en la excitación... También se enseñan prácticas sexuales hechas rápidamente y de manera sencilla, cuando en realidad requieren de cuidados, comunicación y preparación (como por ejemplo, el sexo anal o el 'fisting').

En los vídeos porno, ¿las chicas gritan de dolor o de placer?

En los vídeos porno, sobre todo las chicas (pero algunos chicos también) gritan o hacen ruidos para hacer que el vídeo sea más emocionante y excitante para la persona que lo está viendo y para simular que están sintiendo placer. Muchos de esos ruidos son exagerados o incluso fingidos. A veces, en el porno esos gritos van acompañados de caras de dolor y nos pueden confundir y hacernos pensar que el sexo duele. En las relaciones sexuales, es importante disfrutar y asegurarnos de que la otra persona también está a gusto. Si interpretamos que alguna cara, gemido o expresión podría ser de dolor, es importante preguntarle a la otra persona si está bien y si quiere seguir.

¿Cuánto rato dura el sexo?

Las relaciones sexuales no duran un tiempo en concreto. Algunas son de cinco minutos y otras pueden ser mucho más largas. Además, la calidad del sexo no se mide en su duración, sino en el hecho de pasarlo bien. Muy a menudo, en los vídeos porno se ven relaciones de más de veinte minutos en las que el pene mantiene la erección al máximo todo el rato. Pero la vida fuera de las pantallas es distinta, y si tenemos sexo durante un rato largo lo más normal es que la erección baje. Aparte, mientras duran las relaciones sexuales puede ser que haya interrupciones, que bajemos el ritmo, que nos relajemos y que al cabo de un rato nos volvamos a excitar, que acabemos la relación sin que haya habido ningún orgasmo...

¿Qué es un fetiche?

A menudo se habla de fetiche para hacer referencia a una fijación sexual con una parte del cuerpo, con una práctica o con algunas características físicas. Seguro que habéis oído hablar del fetiche de los pies. Aun así, si nos paramos a pensarlo, el concepto solo se usa en algunos casos. Por ejemplo, nadie habla de tener un fetiche con los genitales o con la práctica de la penetración. Por lo tanto, de alguna manera contribuye a la clasificación de lo que es «normal» y de lo que es extraño o excepcional. Hacer esa clasificación contribuye a la sexualización únicamente de unas partes del cuerpo y limita el descubrimiento del placer sin prejuicios ni estigmas. En el porno hay algunas categorías basadas en la idea de fetiche y se clasifican los vídeos en función de los mismos.

15. A MODO DE CONCLUSIÓN: IMAGINANDO UTOPÍAS

Como reflexiona la escritora Layla Martínez (2020), los productos culturales que consumimos están repletos de distopías. Nuestros miedos colectivos se han canalizado en películas, series, libros... que nos alertan de los peligros que nos esperan en un futuro o presente inmediato. Ahora mismo, nos resulta más sencillo imaginar un futuro catastrófico que uno mejor, más justo. Por lo tanto, si el futuro es peor, el presente nos parece aceptable, y el pasado, un recuerdo romántico. Esa tendencia poco esperanzadora, que también podemos encontrar en la manera como los medios de comunicación nos explican la realidad, y que impregna nuestras opiniones, nos disuade de transformar el orden social actual.

Como hemos visto en *El porno al desnudo*, a menudo la sexualidad adolescente se piensa desde esa mirada alarmista, moralista y derrotista. Parece que hayamos tirado la toalla antes de empezar, porque el monstruo ya es demasiado grande: internet y el porno les ha robado la sexualidad. Y solo nos queda actuar desde la urgencia, el control y el miedo.

Llegadas a este punto del libro, queremos invitarte a romper con esa visión e imaginar horizontes utópicos. A creer en la posibilidad de transformar las cosas, aunque a momentos te parezca imposible o un proceso demasiado lento.

Nosotras creemos que es factible mejorar la educación sexual de criaturas, adolescentes y jóvenes, como también lo es no condenar la curiosidad, hablar de sexualidad sin miedo, ofrecer información clara y huir de los estereotipos patriarcales, racistas y capacitistas. Si la educación sexual es una realidad, contribuirá a estimular el espíritu crítico ante las violencias, las desigualdades, el porno hegemónico y el resto de representaciones dominantes de la sexualidad.

Sabemos que el camino no es rápido ni sencillo. Requiere de un compromiso como sociedad, de luchas colectivas y políticas que garanticen nuestros derechos fundamentales. Hacen falta propuestas aterrizadas en la realidad del territorio y de los centros educativos y de salud, servicios específicos de acompañamiento a la sexualidad para adolescentes y jóvenes, recursos económicos y profesionales formadas. También son necesarias iniciativas que pongan internet y la tecnología al servicio de las personas y no de los intereses de unos pocos, y planes para promover la creación de productos culturales que muestren otras narrativas de la sexualidad, libres de machismo, racismo y capacitismo, y que hagan frente a las industrias que perpetúan esas dinámicas. Y, por qué no, plantearnos la posibilidad de crear contenidos eróticos y pornográficos feministas y educativos para satisfacer el deseo y la curiosidad de las jóvenes.

Todo esto no es un reto individual, sino un proceso colectivo que pasa por cuestionar el sistema actual y construir alternativas desde todos los frentes. Ya hay un montón de proyectos que caminamos en esa dirección. ¿Nos acompañas?

197

16.RECURSOS

A continuación, te recomendamos algunas guías y páginas web donde encontrarás herramientas y propuestas educativas que creemos que te pueden ser de mucha utilidad.

 *Construcción del imaginario sexual en las personas jóvenes: la pornografía como escuela.* Maria Rodríguez

 *Hem de parlar de porno.* Save the children

 Ni Zorras ni Héroes. Guía para trabajar el consumo de pornografía en menores. Conceptos básicos y actividades para llevar a cabo con grupos de adolescentes o en tutorías educativas. Miryam Barbero Reyes

 *Sexe virtual. Monogràfic sobre els usos de pantalles i xarxes socials en l'àmbit de la sexualitat.* Eines cooperativa

 Web *The porn conversation.* Erika Lust
https://thepconversation.org/

17. BIBLIOGRAFIA

XIII Congreso Mundial de Sexología. (1997, 29 de juny). *Declaración de Valencia de los derechos sexuales. Sexualidad y derechos humanos.* València.

ACNUR. (2015). *Declaración política y documentos resultados de Beijing+5.* https://www.acnur.org/fileadmin/Documentos/Publicaciones/2015/9853.pdf

Angelats, Ester i Pardo, Judith. (2024). *Sexe virtual. Monogràfic sobre els usos de pantalles i xarxes socials en l'àmbit de la sexualitat per a famílies i persones de referència de la població adolescent i jove.* Ajuntament de Reus.

Ballester, Lluis; Orte, Carme i Pozo, Rosario. (2019). Nueva pornografía y cambios en las relaciones interpersonales de adolescentes y jóvenes. *Vulnerabilidad y resistencia: Experiencias investigadoras en comercio sexual y prostitución* (pp. 249-284). Universitat de les Illes Balears

Ballester, Luis i Orte, Carme. (2019). *Nueva pornografía y cambios en las relaciones interpersonales.* Octaedro.

Barjola, Nerea. (2018). *Microfísica sexista del poder. El caso Alcàsser y la construcción del terror sexual.* Virus.

Bastarós, Maria; Daura, Cristina i Segura, Nacho. (2021). *SEXBOOK: Una historia ilustrada de la sexualidad.* Lumen.

Bellver, Laura. (2021, 9 de desembre). El cinema del 'destape', entre el continuisme i la ruptura dels rols socials del franquisme. *La Directa.* https://directa.cat/el-cinema-del-destape-entre-el-continuisme-i-la-ruptura-dels-rols-socials-del-franquisme/

Bugallo Rodríguez, Ana Cristina. (2002). Y la mirada se hizo carne: Mujer, nación y modernidad en las comedias cinematográficas de los años setenta. A B. Zecchi & R. Medina (Coords.), *Sexualidad y escritura (1850-2000),* (pp. 213–234).

Calderón, Daniel i Gómez Alejandro. (2022). *Consumir, crear, jugar. Panorámica del ocio digital de la juventud.* Centro Reina Sofía sobre Adolescencia y Juventud, Fundación FAD Juventud.

Calvo, Sofia. (2023). *Nuevos modelos de comunicación en parejas jóvenes: Propuestas para la intervención en entornos socioeducativos.* Consejo de la Juventud del Principado de Asturias y el Consejo de Juventud de Gijón.

Comissió Contra les Agressions a les Dones, Coordinadora Feminista de Catalunya. (1991). *Prostitució, sexualitat, pornografia, dependències afectives.*

Egaña, Lucia. (2017). *Atrincheradas en la carne: Lecturas en torno a las prácticas post-pornográficas.* Ediciones Bellaterra.

Fernández, Jorge. (2015) *Pornograffiti, cuerpo y disidencia.* Libros de Itaca.

Fernández, Ricard. (2015, 19 de maig). Las SALAS X de Barcelona (1984-2004). [entrada de blog]. *Blog de Ricard Fernández Valentí.* https://eltranvia48.blogspot.com/2015/05/las-salas-x-de-barcelona-1984-2004.html

Francesc, Maria. (2020). La censura del cinema. Anàlisi de la censura al cinema en l'època franquista. *FILMHISTORIA Online,* (30), part 2.https://revistes.ub.edu/index.php/filmhistoria/article/view/33137/32744

Funes, Jaume. (2018). *Estima'm quan menys m'ho mereixi...perquè és quan més ho necessito. Una guia per a pares i mestres d'adolescents.* La butxaca.

Gabriel, Karen. (2017). *El poder de las culturas del porno* [informe]. Transnational Institute y Fuhem Ecosocial. Recuperat de: https://www.fuhem.es/media/ecosocial/file/Estado-del-poder-2017/6.Culturas-del-porno-Estado-del-poder2017.pdf

Gallego, Claudia i Fernández-González, Liria. (2019). ¿Se relaciona el consumo de pornografía con la violencia en la pareja? El papel moderador de las actitudes hacia la mujer y la violencia. *Behavioral Psychology/Psicología Conductual,* 27 (3), pp. 431.

Gallach, David, Gata, Lourdes i Sedano, Clara. (2023, 20 de abril). *Educación sexual 'The Porn Conversation': Una guía para hablar de pornografía con los hijos.* RTVE. https://www.rtve.es/television/20230420/guia-pornografia-joves-infants/2440055.shtml

Garcia, Joana i Palomares, Maria. (2012). *Sabers i pràctiques feministes. Una aproximació al moviment feminista de Catalunya.* [informe] Barcelona: AC-SUR-LAS SEGOVIAS.

Gelpi, Gonzalo Iván; Pascoll, Nutarel i Egorov, Dasha. (2019). Sexualidad y redes sociales online: Una experiencia educativa con adolescentes de Montevideo. *Revista Iberoamericana de Educación,* (80), (pp. 61–80).

Gómez, Alejandro; Kuric, Stribor i Sanmartín, Anna. (2023). *Juventud y pornografía en la era digital: consumo, percepción y efectos.* [informe]. Madrid: Centro Reina Sofía de Fad Juventud.

Instituto Nacional de Estadística (INE). (2024). *Encuesta sobre Equipamiento y Uso de las Tecnologías de la Información y Comunicación en los Hogares. España.* INE. https://www.ine.es

Institut Català de les Dones. *Pla d'acció per combatre la pressió estètica (2023-2026).* Generalitat de Catalunya. https://dones.gencat.cat/ca/ambits/pla-daccio-per-combatre-la-pressio-estetica/

Jareño, Claudia. (2016). Una democracia sexual: Destape, liberación sexual y feminismo: ¿Una combinación imposible? A M. Á. Naval López & Z. Carandell (Coords.), *La transición sentimental: Literatura y cultura en España desde los años 70* (pp. 179–198).

Kuhn, Anette. (1991) *Cine de mujeres. Feminismo y cine.* Cátedra.

Llorente, Maria Ema. (2013). Erotismo y pornografía: revisión de enfoques y aproximaciones al concepto de erotismo y de literatura erótica. *Anuario De Letras. Lingüística Y Filología*, 40, 359-375.

López, Félix. (2023). *Modelos de educación sexual: El modelo biográfico y ético. Teoría y práctica.* Ediciones Pirámide.

Lust, Erika. (2008). *Porno para mujeres: una guía para entender y aprender a disfrutar del Cine X.* Editorial Melusina.

Martínez, Layla. (2020). *Utopía no es una isla.* Episkaia.

Martínez Benlloch, Isabel; Bonilla Campos, Amparo; Gómez Sánchez, Lucía; Bayot, Agustín (2008). Identidad de género y afectividad en la adolescencia: asimetrías relacionales y violencia simbólica. *Anuario de Psicología / The UB Journal of Psychology*, 39(2), (pp. 109-118).

Mata, Jordi. (2019). Llegiu i cardeu en català. *Sàpiens*, (202). https://www.sapiens.cat/

Ministeri de Drets Socials i Agenda 2030. (2023). *Pla integral d'equitat menstrual i climateri 2023-2025: Estratègia nacional de drets sexuals i reproductius.* Ministeri de Drets Socials i Agenda 2030.

Ministeri d'Interior. (2023). *Informe de los delitos contra la libertad sexual 2023.* https://www.interior.gob.es/opencms/export/sites/default/.galleries/galeria-de-prensa/documentos-y-multimedia/balances-e-informes/2023/INFORME-DELITOS-CONTRA-LA-LIBERTAD-SEXUAL-2023.pdf

Morales, Paola. (2019). Configuraciones narrativas sobre sexualidad: El discurso sexual en el porno online y la mirada del espectador. *Encrucijadas: Revista Crítica de Ciencias Sociales, 17.*

Mulvey, Laura. (1988). *Placer visual y cine narrativo* (pp. 1-22). Episteme.

Ovidie (Dir.). (2017). *Pornocratie: Les nouvelles multinationales du sexe* [Documental]. Canal+, CNC, Fatalitas Productions, Magneto Presse.

Platero, Raquel-Lucas. (2008). Apunts sobre la repressió organitzada del lesboerotisme i la masculinitat de les dones en el període franquista. En J. B. Eres & C. Villagrasa (Coords.), *Homosexuals i transsexuals: Els altres discriminats del franquisme, des de la memòria històrica* (pp. 85–113). Edicions Bellaterra.

Pornhub Insights. (2023). *2023 Year in Review.* Pornhub https://www.pornhub.com/insights/2023-year-in-review

Rodó, Maria. (2021). *Interseccionalitat: desigualtats, llocs i emocions.* Tigre de paper.

Rodríguez, Maria. (2023). *Construcción del imaginario sexual en las personas jóvenes: la pornografía como escuela.* CMPA (Conseyu de la Mocedá del Principáu d'Asturies).

Sanjuán, Cristina. (2020). *(Des)información sexual: Pornografía y adolescencia.* Save the Children.

Seguin, Jean-Claude. (2015). Deslizamientos progresivos del placer: Del «S» al «X» en el cine español. *Área Abierta,* (15), (pp. 69–84).

Valero, Ana. (2022). *La libertad de la pornografía.* Athenaica Ediciones.

Valle, Silvia. (2020, 12 maig). Pornografia gratuïta a costa d'abusos i explotació. *La Directa.* https://directa.cat/pornografia-gratuita-a-costa-dabusos-i-explotacio/

Villena, Alejandro. (2024). *Guía para familias ante la realidad de la pornografía.* CEU Colegios.

Zabala, Begoña. (2008). *Movimiento de mujeres, mujeres en movimiento.* Editorial Txalaparta.

18. AGRADECIMINETOS ESPECIALES

V E R K A M I

AL VAPOR

Si el Pol·len es el conocimiento, nuestro objetivo es transferir Pol·len desde las autoras a les lectoras, donde germina haciendo posible la producción de semillas, y estas, multiplican el conocimiento(s).

En el proceso de elaboración de este libro hemos seguido varios criterios de ecoedició con el objetivo de reducir el impacto ambiental de la producción y asegurar la aplicación de prácticas de protección del medio ambiente.

Cómo veréis en la página siguiente, tres criterios son verificados por el Institut de la ecoedició de Catalunya y son:

 Producción local: el libro ha sido impreso en su territorio de distribución.

 Uso de papel FSC: el papel está certificado.

 Cálculo y comunicación de la huella ecológica.

Además, en este libro, hemos aplicado los siguientes criterios:

 Ecodiseño. En el diseño de estos libros hemos tenido en cuenta aspectos como utilizar medidas estándares para ahorrar papel o utilizar pocas pastillas de color.

 Gestión ambiental. Trabajamos con organizaciones que disponen de un Sistema auditado de Gestión Ambiental.

 Licencias de obra. Este libro se distribuye bajo una licencia Creative Commons en la modalidad de Reconocimiento-No Comercial-Sin Obras Derivadas.

 Energía renovable. Este libro ha sido impreso en una imprenta que se provee un 33% de su energía con energías renovables.

 Banca ética. Solo trabajamos con entidades financieras definidas como éticas: Triodos Bank y Coop57.

 Buen vivir. En este proyecto las personas están en el centro. Esto quiere decir que hemos tomado medidas de satisfacción, de conciliación, de bienestar, de flexibilidad y de felicidad, combinando las necesidades del colectivo y de las personas que formamos parte.

 Compensación con criterio. Las emisiones de CO_2 equivaliendo derivadas de esta publicación han sido compensadas a través de un proyecto de custodia del territorio con criterio: El Serradet de Barneres sccl.

Si quieres saber todos los criterios de ecoedición que aplicamos en Pol·len edicions en general, visita el web: www.pol-len.cat/ecoedicio

Pol·len edicions, sccl somos una editorial cooperativa que pensamos la ecoedición como una manera de entender los libros, de verlos y sentirlos, de pensar en los bosques y en los ecosistemas como parte de los libros, de pensar en los libros como parte de nosotras, de pensar en nosotras como parte de una Tierra, común.

Con este sello, el Institut de l'Ecoedició certifica que la publicación de este título sigue los siguientes criterios de ecoedición:

- producción local
- uso de papel FSC cerficicado
- Cálculo del impacto ambiental y publicación de los ahorros (mochila ecológica)

Puedes encontrar más información en institutecoedicio.cat

bDAP202500047

Título: El porno al desnudo. Una propuesta crítica para acomapañar la adolescencia
Editorial: Pol·len edicions
Autoría: Laura Arcarons Martí, Bruna Serra Puntí
Año: 2025
Imprenta: Novoprint
Código ISBN: 978-84-10255-86-9

MOCHILA ECOLÓGICA

Esta tabla resume el impacto ambiental de esta publicación, desde su creación hasta que ha llegado a tus manos y hasta el final de su vida útil.

HUELLA DE CARBONO (g CO_2 eq.)	RESIDUOS GENERALES (g)	CONSUMO DE AGUA (L)	CONSUMO DE ENERGÍA (MJ)	CONSUMO DE MATERIAS PRIMAS (g)
1114	53	27	33	473

 La huella de carbono de este ejemplar es equivalente a la huella emitida por Google durante 2,2 milisegundos de operación.